창세기의 대발견

창세기에 근거한 한자

Chinese characters based on Genesis

저자 박 건 호

목차

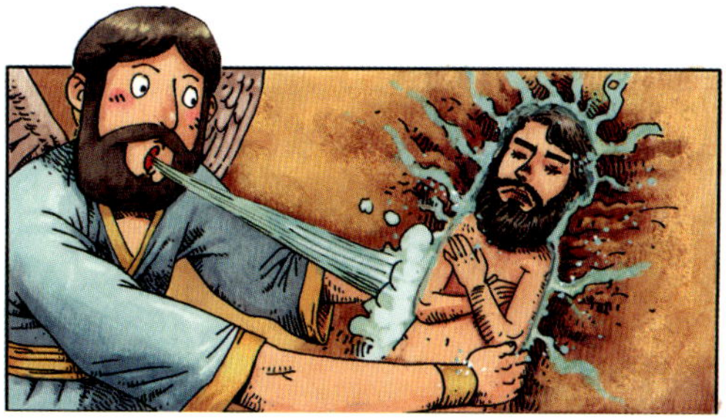

소개말

● 이 책을 집필하는 이유

1. 중국 글자인 한자(漢字)에서 창세기서의 기록의 사실 여부를 뒷받침해 줄 만한 얼마의 흔적을 발견했기 때문이다.

한자(漢字)는 갑골문에서 유래했다고 하며 갑골문은 그림 형태로 이루어져 있어서 그림글자라고도 한다. 그 그림글자를 연구해 본 결과 창세기서에만 들어 있는 창조 기록과 하느님에 대한 인류의 3대 반역사건이 놀랍게도 한자(漢字)의 시조인 갑골 문자에 들어 있음을 알게 되어 이를 널리 알리고자 이 책을 쓰게 되었다.

● 신빙성은 있는가?

1. 전문가들마다 관점이 다르므로 '100% 확실한 증거다' 라고 이야기하기는 어렵다.

여기서 저자가 제시하는 증거라는 것이 과연 지금까지 제시되었던 증거들처럼 증거로서 신빙성이 있느냐? 또는 어느 정도나 신뢰할 수 있느냐? 하는 것인데 이 점은 독자들의 주관이나 학자들의 주관에 따라 크게 달라질 것이다.

따라서 필자는 본인이 제시하는 증거들이 100% 확실한 것이므로 '성서는 하느님의 말씀이 분명하다'고 주장하는 것이 아니라 적어도 제시하는 증거들이 단순히 흥미 위주가 아닌 상당한 설득력이 있다고 생각하기 때문에 「성서」가 신화나 꾸며낸 이야기가 아닌 사실에 가까운 책임을 또 다른 방법으로 증명하기 위해 이 책을 집필하게 되었다.

물론 독자들은 사실 여부를 떠나 상당히 흥미를 느낄 것이며 아울러 중국어 글자에도 또한 많은 관심을 갖게 되리라 본다.

● 필자가 한자를 성서와 접목시키게 된 배경?

1. 필자는 어떻게 하면 한자를 보다 더 쉽게 배울 수 있을까 궁리하다 한자의 구조에 관심을 갖게 되었고 그 구조를 연구하면서 매우 흥미 있는 다음의 사실을 알아낼 수 있었다.

1) 한자는 그림글자이므로 절대로 복잡하거나 추상적이어서는 안 된다는 사실.
2) 반대로 이야기하면 한자는 단순해야 하고 객관적이어야 한다는 점.
3) 그러려면 그 글자를 쓰게 될 사람들의 삶과 밀접한 관련이 있어야 하며 그들이 공통적으로 알고 있는 지식이나 환경을 배경으로 그림글자를 만들어야만 했을 것이라는 점.
4) 따라서 인류의 반역보다 더 충격적이고 리얼한 사건은 없었을 것이다. 그러한 극적인 사건들은 분명 중국인 선조들이 글자를 만들어 내는데 영감을 주었을 것이다.

2. 바벨탑 건축이 수포로 돌아가고 나서 말이 통하는 사람끼리 뿔뿔이 흩어지게 된다. 그 지역에 남아 있지 않았던 사람들은 그때까지의 기억만 가지고 있을 뿐 그 이후의 중동 역사는 알 리가 없었을 것이다.

성서의 기록이 사실이라면 중국의 선조들은 바벨탑 건축이 실패로 돌아간 이후 말이 통하는 사람끼리 중국 쪽으로 넘어온 사람들일 것이다. 대규모 공사를 하면서 도면이 없었다는 것은 상식적으로 이해가 되지 않으므로 이미 탑을 세울 무렵에는 적어도 그들 나름의 표기 방식의 문자가 있었을 것이다. 그러나 혼잡해진 언어로 인해 뿔뿔이 흩어지게 되었고 각 언어 집단마다 나름대로의 문자 체계가 생겨나게 되었을 것이다.

중국으로 넘어온 사람들이 그림글자를 만들면서 그들이 공통으로 가지고 있는 기억 속에 가장 강렬했던 사건은 **창조 기록을 제외하면** 다음의 3가지였을 것이다.

1) 첫 번째로 아담과 이브가 선악과를 따먹으므로 하느님께 반역한 사건이고,
2) 두 번째로는 신과 인간들의 교잡으로 태어난 네피림으로 인해 악이 만연해진 세상에 내려진 하느님의 심판인 노아의 홍수였을 것이며,
3) 마지막으로 흩어짐을 면하기 위해 도시와 바벨탑을 쌓으려다 하느님의 개입으로 언어가 갑자기 혼잡해져 공사가 중단되고 뿔뿔이 흩어지게 된 사건이었을 것이다.

너무도 강렬하고 극적인 일들이었으므로 중국으로 넘어온 선조들은 창조와 관련된 얼마의 사건과 그리고 바로 이 3대 반역 사건과 관련된 흔적들을 글자에 고스란히 남겨 놓았다. 필자는 바로 이러한 점들을 깨닫게 되었을 때 온몸에 전율을 느끼게 되었다. 그래서 창세기서를 읽고 또 읽고 하면서 그리고 고대의 갑골문과 문자 관련 서적들을 참조하면서 필자는 인류의 초기 역사와 관련된 성경에만 들어 있는 유물들을 중국의 글자에서 발견해 냈다고 감히 말하고 싶다. 그리고 또한 다른 사람들도 이러한 사실들을 알았으면 하는 바람으로 한자와 성서의 기록을 접목하게 되었다.

● 필자의 당부

1. 이 책의 증거들이 100% 확실하다고 주장하는 것은 아니다.

똑같은 글자를 놓고도 전문가들의 견해가 사뭇 서로 다른 경우도 적지 않다. 물론 이 책의 내용이 상당히 신빙성이 있다고 믿지만 어디까지나 필자의 주관에 불과한 것이므로 증명할 수 있는 것은 아니다. 따라서 100% 사실임을 주장하는 것은 결코 아니지만 충분히 가능성 있는 이론임에는 틀림없다고 필자는 확신한다.

2. 갑골문자는 뛰어난 고고학적 발굴물이다.

유물의 발견은 곧 옛 사람들의 생활상이나 당시의 사회를 이해하는데 도움이 된다. 그러한 유물 가운데는 생활 도구 · 그림 · 벽화 · 기록물 등이 있으며 여기에 더하여 그림글자인 갑골문 역시 대단히 소중한 고고학적 유물임에 틀림이 없다. 특히 기록물의 발견은 보다 더 옛 시대의 모습을 객관적으로 살필 수 있게 해 준다. 따라서 갑골문자야말로 인류의 시초를 이해하는데 단서가 될 만한 정보가 담겨 있는 소중한 유물로서 과거를 들여다 볼 수 있게 해 주는 세상 어디에서도 구할 수 없는 귀한 보물임을 독자들도 알게 되길 바란다.

3. 바벨탑 공사로 인해 언어가 혼잡해졌다는 사실이 알려주는 점에 유의하자.

바벨탑 건축이 촉발한 언어의 혼잡이 사람들을 전 세계로 흩어지게 하였다는 성서의 기록을 근거로 알 수 있는 사실은,

1) 중국 쪽으로 건너온 선조들은 더 이상 하느님과 관계된 일들을 알 수가 없었다는 점.
2) 성서는 계속 이스라엘 사람들의 역사 즉 예수의 탄생이나 예루살렘의 멸망 등에 대해 기록을 남기지만 중국으로 건너온 사람들은 지리적 격리와 교류의 한계 등으로 이러한 사건들을 거의 알 수 없었기 때문에 글자에 그 흔적을 남길 수 없었다는 점.
3) 따라서 중국의 문자가 바벨탑 건축 중단 이후의 사건을 전혀 글자에 반영하지 않고 있다는 바로 이 사실이 대단히 흥미를 불러일으킨다고 본다.

● 이 책에 사용된 성서 역본들

우리 한국 사람들이 가장 많이 보는 「미표준역」을 번역한 「개역한글판」과 「공동번역」 등을 사용하면서도 해외 독자들을 위해 「King James Version」을 포함 현재 영어권에서 가장 널리 사용되고 있고, 또한 많은 전문가들로부터 정확한 번역으로 인정받는 다른 성서 번역본들도 자주 인용하였다. 안타깝게도 사실 성서의 원본은 지구상 그 어디에도 존재하지 않는다. 다행히 남아 있는 사본들을 토대로 다양한 번역본들이 탄생하게 되었다. 따라서 지구상에는 수많은 성서 번역본이 존재하며 각각의 번역본들이 다 장점을 가지고 있을 것이다. 그러나 모든 성경 번역본을 사용할 수 없어 일반적으로 받아들여지고 널리 읽혀지는 번역본을 참고로 했으며, 또한 정확성에서 소수이긴 하지만 상당한 지지를 받는 번역본들 또한 참고로 했음도 알려 둔다.

예) 창세기 3 : 21

개역한글판

여호와 하나님이 아담과 그 아내를 위하여 가죽옷을 지어 입히시니라.

공동번역

야훼 하느님께서는 가죽옷을 만들어 아담과 그의 아내에게 입혀 주셨다.

새번역

주 하나님이 가죽옷을 만들어서, 아담과 그의 아내에게 입혀 주셨다.

현대인의 성경

그리고 여호와 하나님은 아담과 그의 아내에게 가죽옷을 만들어 입히셨다.

King James Version (흠정역 성서)

Unto Adam also and to his wife did the LORD God make coats of skins, and clothed them.

New World Translation

And Jehovah God proceeded to make long garments of skin for Adam and for his wife and to clothe them.

The new international version

The LORD God made garments of skin for Adam and his wife and clothed them.

중국어 글자에 대한 이해

1. 한자는 그림글자 즉 상형문자에 속한다.

뫼 산 (山)

산의 특징을 선으로 나타냄

내 천 (川)

천(巛) – 구불구불 흘러가는 내를 선 3개로 표현함

나무 목 (木)

나무의 줄기와 몸통과 뿌리를 강조한 글자

사람 인 (人)

인(亻) – 인(儿) – 사람의 옆모습을 본뜬 글자

2. 기본 글자를 합쳐서 단어나 새로운 글자를 만든다.

신선 선(仙) = 뫼 산(山) + 사람 인(亻)

산(山)에 사는 사람(亻)이라 하여 신선 선(仙)

쉴 휴(休) = 나무 목(木) + 사람 인(亻)

나무(木)에 기대거나 나무(木) 그늘에 앉아서 사람(亻)이 쉬는 모습에서 쉴 휴(休)

의원 의(醫) = 상자 방(匚) + 화살 시(矢) + 창 수(殳) + 술 유(酉)

창(殳)과 화살(矢)의 등장은 전쟁을 암시하고, 전쟁 중에 적의 화살을 맞아 난 상처(医)에 알코올 성분이 있는 술(酉)을 부어 소독하는 장면에서 의원 의(醫)자가 탄생하였다.

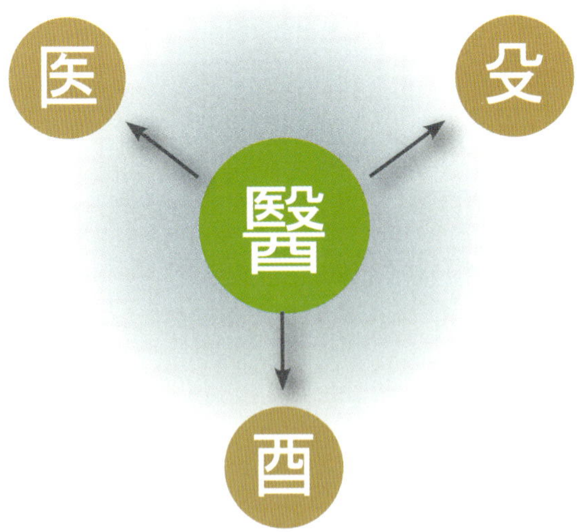

3. 한자의 가장 오래된 형태를 갑골문자라 하는 이유?

갑골(甲骨)이란, 거북의 껍질이나 동물의 뼈를 뜻하는 한자어이다. 따라서 **갑골문자**란 거북의 등딱지나 배껍질과 그리고 짐승 특히 소의 뼈에 새겨진 문자를 뜻하는 말이다. 약 3,500년 전후에 존재했다고 알려진 중국 최초의 왕조인 은나라에서 만들어진 문자이며, 지금까지의 연구로 밝혀진 갑골문자의 내용은 제사 · 날씨 · 수렵 · 농경 · 군사 · 질병 · 복점 등 다양한 소재가 기록된 것으로 보아 **일상사 전반에 걸친 기록물들**이라 해도 과언이 아니다.

4. 그림글자의 조자 원리

1. 아래의 그림은 아침에 먹은 음식이다. 보기 중 필자가 먹은 음식은?

1. 빵　　2. 바나나　　3. 딸기　　4. 햄버거

2. 위의 예에서 알 수 있는 사실은?

1. 그림은 추상적이어서는 안 된다. – 객관적이어야 한다.
2. 그림은 복잡해서는 안 된다. – 단순해야 한다.
3. 잘 아는 사건이나 사물에서 글자를 가져와야 한다. – 평생 한번 볼까 말까 한 사물이나 사건에서 글자를 따오면 이처럼 서로 이해하기가 어렵다.

3. 아래의 그림은 필자가 오후에 가려는 곳이다. 어디일까요?

1. 강과 산　　2. 도서관과 식당　　3. 공원과 호수　　4. 병원과 안경점

4. 위의 예에서 알 수 있는 점은?

1. 그림은 단순해야 한다.
2. 그림은 객관적이어야 한다.
3. 그림은 잘 아는 사물이나 사건에서 만들어야 된다.

5. 중국의 초기 글자 형태인 갑골문자를 통해 알 수 있는 사실

1. 그 시대 상황 · 풍습 · 사고방식 등

2. 그들이 기억하고 있는 사건과 사고 즉 그 이전 과거에 대한 지식

a. 전설일 수도 있고,

b. 실제 있었던 역사일 수도 있는 과거들,

c. 예를 들면 창조와 관련된 내용이나 초기 인류 역사에 있었던 사건들.

6. 중국의 초기 문자가 인류 역사 초기를 들여다 볼 수 있게 해 주었다.

1. 이 책은 갑골문자를 만든 중국의 선조들이 그들의 조상들로부터 들어서 알고 있던 혹은 구전을 통해 내려온 3,500여 년 전보다 더 이전의 조상들의 삶을 재조명하여 성서의 기록이 참으로 정확함을 밝히고자 하였다.

2. 글자가 만들어진 시기나 조자원리 등을 종합해 볼 때 충분히 가능성 있는 접근 방식이라 생각한다.

해답) 1. 없다. 2. 전부다 3. ① 4. 전부다

7. 니므롯이 바벨탑을 세운 시기는 대략 지금으로부터 4,200여 년 전후로 추정된다.

1. 노아의 대홍수가 BCE 2,370년에 발생했고 니므롯이 노아의 증손이므로 위의 연대 추정이 상당한 설득력이 있다고 본다.

* BCE 2,370년이란 지금(2013년)으로부터 대략 4,382년 전에 해당한다.

2. 따라서 바벨탑 건축이 중단된 시점부터 언어가 통하는 사람끼리 전 세계로 흩어지게 되므로 적어도 중국의 선조들은 BCE 2,200년경부터 지금의 중국 땅에서 살게 되었을 것이다.

3. 위의 연대를 토대로 보면 갑골문자가 만들어진 시기(약 3,500년 전)와 바벨탑 건축 시기(약 4,200년 전) 사이는 길어야 700년 정도이므로 충분히 인류 최고의 3대 최악 사건과 창조와 관련된 구전을 통해 전해진 이야기들이 여전히 사람들의 기억이나 조상들의 이야기 속에 남아 있었을 것이다.

4. 우리는 지금부터 고대 그림문자인 중국의 글자들을 통해 인류 역사 초기에 어떤 일들이 있었으며, 유일한 인류 역사 초기의 기록인 성서 창세기서와 어떻게 유사한지 살펴보기 위해 과거로의 여행을 시작하도록 하자.

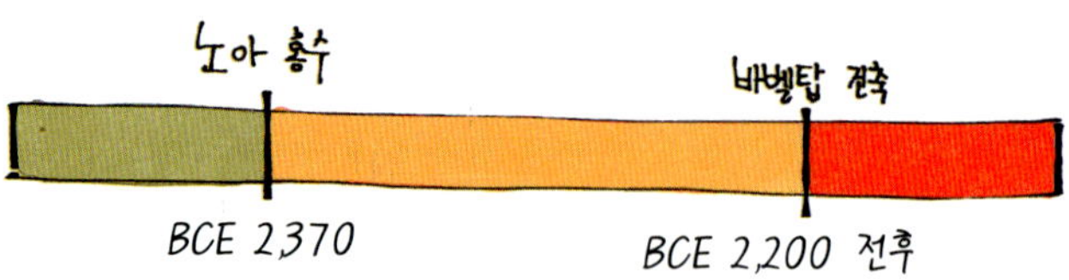

유일한 창조 기록인 성서

창세기서

1. 한자는 그림글자 즉 상형문자에 속한다.

1. 갑골문은 창세기에 근거한 인류 역사 초기의 기록을 증명해 줄 유일한 옛 그림글자들이다. 대충 3천 5백여 년 전에 만들어진 갑골문자가 성서 창세기서에 나오는 창조 기록을 뒷받침할 만한 증거들이 들어 있어 세간을 놀라게 하고 있다.

2. 인류 역사 초기와 관련된 기록은 옳고 그름을 떠나 성서의 창세기서가 유일하다. 따라서 성서의 기록과 옛 글자를 대조해 보는 것은 적어도 흥미 차원을 넘어 경이롭기까지 할 것이다.

3. 아담의 창조 연대는 대략 BCE 4,026년으로 본다. 여기에 현재의 연대인 2013년을 더하고 기원전과 기원 사이의 1년을 제하면 현 2013년 시점에서 6,038년 전에 우리의 첫 조상인 아담과 하와가 창조되었음을 알 수 있다.

* 연대와 관련하여서는 다소 차이가 있을 수 있음을 밝힌다.

인간과 관련된 창조 사업

1. 낙원 조성
2. 인간 창조

하느님께서 먼저 남자인 아담을 만든 다음 어느 정도 시간이 경과한 후 여자인 하와를 창조했음을 알 수 있다. 따라서 그 기록에 근거한 글자가 바로 우뚝할 올(兀)자로써 인류의 조상을 가리키는 글자

1. 낙원 조성

○ 창세기 1:1, 20, 23, 25

1. 태초(太初)에 하나님이 천지(天地)를 창조하시니라.

20. 하나님이 가라사대 물들은 생물로 번성케 하라 땅 위 하늘의 궁창에는 새가 날으라 하시고

23. 저녁이 되고 아침이 되니 다섯 째 날이었다.

25. 그리고 하나님이 땅의 들짐승을 그 종류대로 가축을 그 종류대로 땅의 모든 길짐승을 그 종류대로 만들기 시작하셨다.

참으로 보기 좋구나

○ 창세기 1:26-28

26. 이어서 하느님이 말씀하셨다. "우리가 우리의 형상대로, 우리의 모양을 따라
사람을 만들자. 그들이 바다의 물고기와 하늘의 날짐승과 가축과 온 땅과 그
땅에서 움직이는 모든 길짐승을 복종시키게 하자."

27. 그리고 하느님이 자신의 형상대로 사람을 창조하기 시작하셨으니, 곧 하느
님의 형상대로 사람을 창조하셨다. 그분은 그들을 남성과 여성으로 창조하
셨다.

28. 더욱이, 하느님이 그들을 축복하시고, 하느님이 그들에게 말씀하셨다. "생육
하고 번성하여 땅을 가득 채우고 땅을 정복하여라. 바다의 물고기와 하늘의
날짐승과 땅에서 움직이는 모든 생물을 복종시켜라."

○ 창세기 2:7

7. 그리고 여호와 하느님이 땅의 **흙으로 사람을 지으시고 생기(生氣)를 그 코**에 불어넣으시니, 사람이 생령(生靈)(산 영혼)이 된지라.

7. 야훼 하느님께서 진흙으로 사람을 빚어 만드시고 코에 입김을 불어넣으시니, 사람이 되어 숨을 쉬었다. 「공동번역」

7. 주 하나님이 땅의 흙으로 사람을 지으시고, 그의 코에 생명의 기운을 불어넣으시니, 사람이 생명체가 되었다. 「새번역」

7. 그 때 여호와 하나님이 땅의 티끌로 사람을 만들어 그 코에 생기를 불어넣으시자 산 존재가 되었다. 「현대인의 성경」

이제 창조 사업이
끝나가는구나.
이제 마지막으로 우리의
형상을 따라 사람을 만들자
준비는 잘 되고 있느냐?
예

흙으로 사람을 빚는 모습

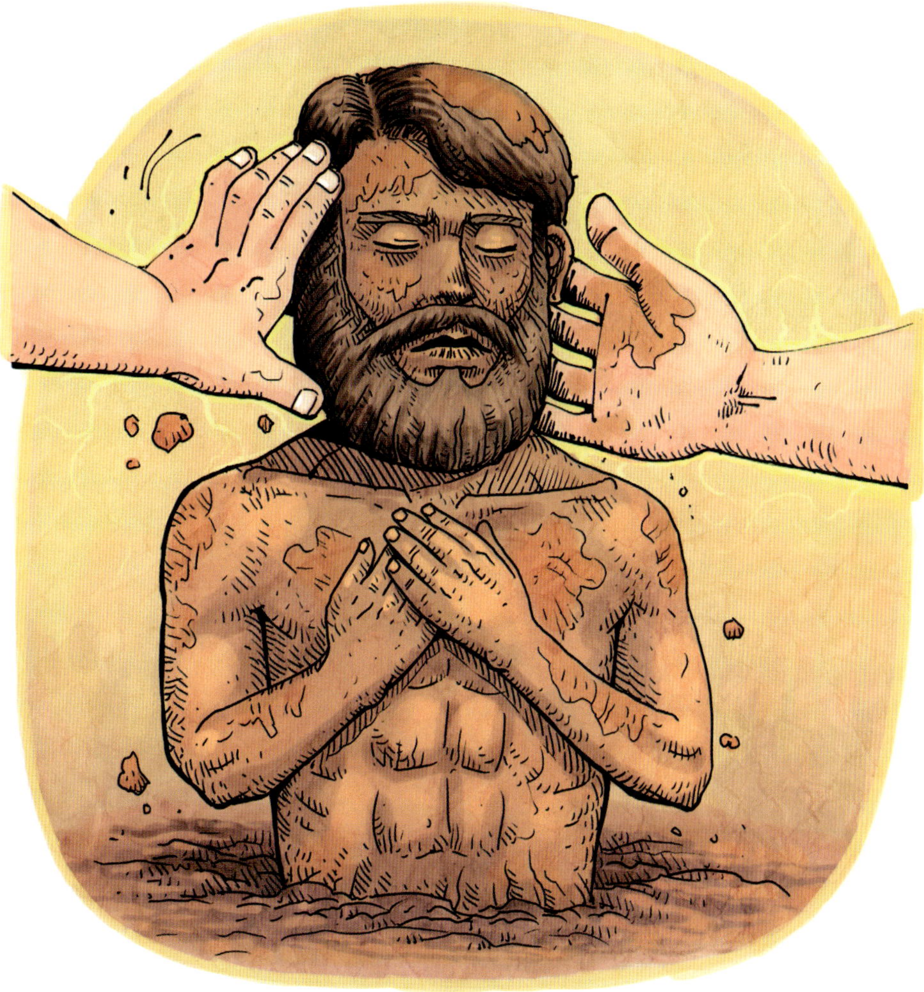

우뚝할 올(兀)

兀

한 일(一) + 사람 인(儿)

우뚝할 올(兀) = 한(一) 사람(人)

우뚝할 올(兀)자는 직역하면 한(一) 사람(儿)을 의미한다. 옛 글자를 살펴보면 사람(儿)의 머리(一)를 강조하여 만들어진 글자임을 알 수 있다. 성서 창세기에는 우리의 형상대로 우리의 모양을 따라 사람을 만들자고 표현되어 있어 마치 복수의 사람들을 동시에 만들었을 것으로 추정할 수도 있지만, 창세기 2:18절~22절의 '사람이 계속 혼자 있는 것이 좋지 않다 하여 아담의 갈빗대로 여자를 지으셨다'는 내용을 보면 '하느님께서 먼저 남자인 아담을 만든 다음 어느 정도 시간이 경과한 후 여자인 하와를 창조'했음을 알 수 있다. 따라서 그 기록에 근거한 글자가 바로 우뚝할 올(兀)자로써 인류의 조상을 가리키는 글자이다. 이 글자는 단독 사용은 거의 없으나 '홀로 서 있거나, 세상에 처음으로 등장한 사람'이라는 개념을 전달하는 글자로 우뚝할 올(兀)자로 불리운다.

* 우뚝 – 두드러지게 높이 솟아 있는 모양 또는 남보다 뛰어난 모양을 이르는 말

금문

전문

○ 창세기 1:26-28

26. 이어서 하느님이 말씀하셨다. "우리가 우리의 형상대로, 우리의 모양을 따
라 사람을 만들자. 그들이 바다의 물고기와 하늘의 날짐승과 가축과 온 땅과
그 땅에서 움직이는 모든 길짐승을 복종시키게 하자."

27. 그리고 하느님이 자신의 형상대로 사람을 창조하기 시작하셨으니, 곧 하느
님의 형상대로 사람을 창조하셨다. 그분은 그들을 남성과 여성으로 창조하
셨다.

28. 더욱이, 하느님이 그들을 축복하시고, 하느님이 그들에게 말씀하셨다. "생
육하고 번성하여 땅을 가득 채우고 땅을 정복하여라. 바다의 물고기와 하늘
의 날짐승과 땅에서 움직이는 모든 생물을 복종시켜라."

나는 왜 혼자일까?
독처하는 것이 좋지 않구나.
그를 위해 돕는자를
만들어줘야 겠구나.

아담을 잠들게 한 후 그의 갈빗대 하나를 취하여

그 자리를 살로 채우고

여자 즉 하와를 만드는 장면

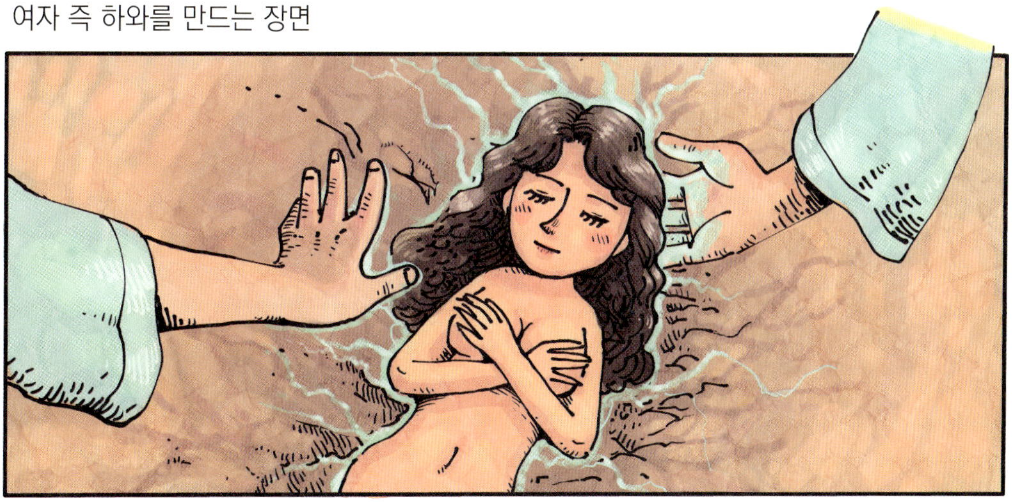

하느님께서 하와를 아담에게 소개하는

에덴동산에 서 있는 두 사람에게 여호와께서 말씀하심

으뜸 원(元)

元

두 이(二) + 사람 인(儿)

으뜸 원(元) = 두(二) 사람(儿)이 인류의 시초

으뜸 원(元)자는 두(二) 사람(儿) 즉 아담과 하와를 상상하고 만든 글자이다. 하와가 창조되기 전 먼저 만들어진 아담을 강조한 글자가 우뚝할 올(兀)자라면, 사람이 독처하는 것이 좋지 않다 하여 하느님이 아담의 갈빗대를 취하여 아내인 이브를 만들어 두(二) 사람(儿)을 부부로 맺어 주어 이 지상에 인간이 퍼지게 했다는 성서의 기록에 흥미를 더해 주는 글자가 바로 으뜸 원(元)자이다. 따라서 두 사람이 인류의 조상이 되었다 하여 이 글자(元)에는 '으뜸, 처음, 시초, 우두머리, 첫째, 근본' 등의 뜻이 들어 있다.

* 원조(元祖)/원소(元素)/원단(元旦)

갑골문

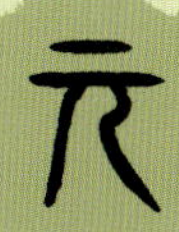
전문

완전할 완(完)

完

집 면(宀) + 으뜸 원(元)

완(完) = 두 사람(元)이 부부가 되어 가정(宀)을 이룸

완전할 완(完)자는 집을 가리키는 글자인 면(宀)자와 아담과 하와 두 사람을 가리키는 원(元)자로 이루어진 글자이다.

집 면(宀)자는 지붕을 본뜬 글자로 '집, 가정' 등의 의미를 갖는 대표적 기본 글자이다. 따라서 하느님께서 아담과 하와를 만드신 다음 두 사람(元)을 부부로 맺어 주어 가정(宀)을 이루게 하시므로 인류가 출발할 수 있는 토대를 완성하셨다는 의미에서 완(完)자에는 '완전하다, 온전하다, 결함이 없다' 등의 뜻이 파생되었다.

또한 두 사람을 부부로 맺어 주셔서 인류와 관련된 창조 사업을 마치셨으므로 이 글자에는 또한 '끝내다, 일을 완결 짓다'라는 뜻도 들어 있다.

* 완전(完全)/완벽(完璧)/완성(完成)/완료(完了)

집/담 원(院)

院

언덕 부(阝) + 완전할 완(完)

집/담 원(院) = 에덴동산(阝)에 신방(完)을 차린 첫 조상

언덕 부(阝)자는 '언덕, 담' 등의 의미를 갖는 글자이다. 따라서 두 사람의 보금자리인 그 가정(完)을 보호해 주기 위해 마치 담(阝)을 쳐준 것으로 여겨 만들어 낸 글자가 바로 집/담 원(院)자이다. 따라서 이 글자는 두 사람을 위해 마련해 주신 거처인 에덴동산을 염두에 두고 만든 글자이므로 '뜰, 정원'의 뜻으로 출발해서 점차 '집, 담, 사원, 마을' 등의 뜻으로 의미가 발전하였다.

* 학원(學院)/사원(寺院)/병원(病院)/수녀원(修女院)

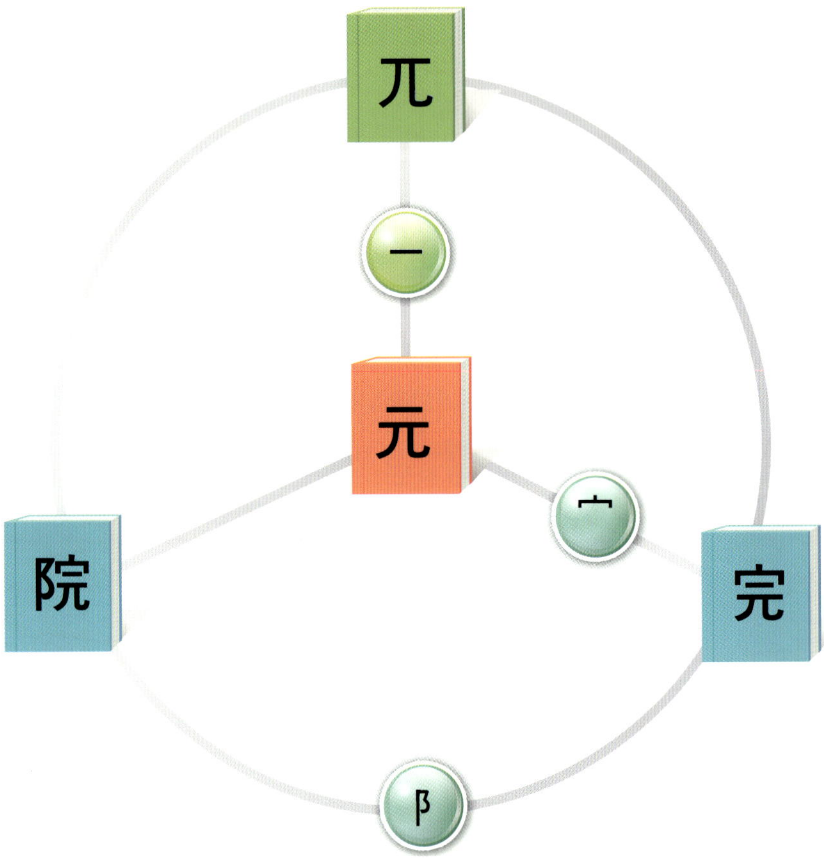

올(兀)	=	한 일(一) + 사람 인 (人)
원(元)	+	두 이(二) + 사람 인 (儿)
완(完)	+	집 면(宀)
원(院)	+	언덕 부(阝)

2장

인류사 3대 최악 사건

첫 번째, 신의 명령을 무시하고 선악과를 따먹은 첫 조상

아담과 하와의 정신을 혼미케 한 것이나 마찬가지이므로
사람을 환각(麻)상태로 빠뜨려 신의 명령을
어기게 만든 귀신(鬼)이 곧 마귀 마(魔)

첫 번째, 신의 명령을 무시하고 선악과를 따먹은 첫 조상

에덴동산의 모습

○ 창세기 2장

8. 여호와 하느님이 동방의 에덴에 동산을 창조하시고 그 지으신 사람을 거기에
두시고

9. 여호와 하느님이 보기에 탐스럽고 먹기에 좋은 모든 나무를 땅에서 자라게
하시고, 또한 동산 가운데 생명나무와 선악에 대한 지식의 나무를 자라게 하
셨다.

15. 그리고 여호와 하느님이 사람을 데려다가 에덴동산에 살게 하시어 그곳을
경작하며 돌보게 하셨다.

16. 또한 여호와 하느님이 사람에게 이런 명령을 내리셨다. "동산 모든 나무의
열매는 네가 임의로 먹되

17. 선악을 알게 하는 나무의 실과는 먹지 말라" 네가 먹는 날에는 정녕 죽으
리라.

금할 금(禁)

禁

수풀 림(林) + 보일 시(示)

금할 금(禁) = 생명나무와 선악과(林)를 따먹지 말라함(示)

성서 창세기에 기록된 '선악과(木)와 생명나무(木)의 열매는 따먹지 말라'는 신의 계시(示)를 어기고 선악과를 따먹은 첫 조상에 대한 이야기를 전해 들은 중국의 선조들이 그 내용을 토대로 만들었을 것으로 여겨지는 글자가 '금하다, 삼가다'의 뜻을 갖는 금할 금(禁)자이다. 보일 시(示)자는 제단 위에 제물을 얹어 놓은 모습을 본뜬 글자이다. '제단, 하느님, 귀신'의 뜻 외에 신이 제물을 받고 그 보답으로 계시를 보여 준다 하여 '보이다, 알리다'의 뜻으로 발전한 글자이다. 따라서 금할 금(禁)자는 생명나무(木)의 열매와 선악을 알게 하는 나무(木)의 열매를 따먹지 말라는 신의 계시(示)였기에 '금하다, 삼가다, 억제하다, 금령' 등의 뜻을 갖게 되었다.

* 금지(禁止)/통금(通禁)/금령(禁令)/엄금(嚴禁)

수풀 림(林) – 나무 목(木) 두 개 자는 각각 생명나무와 선악과를 상징

나 같으면 따먹겠다.
먹고 싶으면 따드셔,
얼마나 맛좋은데요.
따먹으면
죽는다 해서...
no, no, 절대 안 죽어요.
내가 보장 오히려 눈이 밝아져
하느님처럼 선악을
분별하게 될거요.

제 2 장

인류사 3대 최악 사건

첫 번째, 신의 명령을 무시하고 선악과를 따먹은 첫 조상

○ 창세기 3:1-5

1. 그런데 뱀은 여호와 하느님이 만드신 땅의 모든 들짐승 중에 가장 간교하더라. 뱀이 여자에게 말하기 시작하였다. "너희는 동산 모든 나무의 열매를 먹어서는 안 된다고 하느님이 말씀하셨다는데 그것이 정말이냐?"

2. 이에 여자가 뱀에게 말하였다. "동산나무들의 열매를 우리가 먹을 수 있으나"

3. 동산 가운데 있는 나무의 열매를 먹는 것에 관하여는, 하느님께서 '너희가 그것을 먹어서는 안 된다, 아니, 그것을 만져서도 안 된다. 그래야 너희가 죽지 않는다'라고 말씀하셨다.

4. 이에 뱀이 여자에게 말하였다. "너희는 절대로 죽지 않을 것이다."

5. 너희가 그것을 먹는 바로 그날에 필시 너희 눈이 열리고, 너희가 필시 하느님처럼 되어서 선악을 알게 될 줄을 하느님이 알고 있기 때문이다.

마귀 마(魔)

魔

삼 마(麻) + 귀신 귀(鬼)

마귀 마(魔) = 선악과(麻)를 따먹으라고 유혹한 귀신(鬼)

마귀 마(魔)자는 삼 마(麻)자와 귀신 귀(鬼)자를 합쳐서 만든 글자이다. 짐작하듯이 삼 마(麻)자가 발음기호 역할을 하고 있다. 그러나 이 삼 마(麻)자 역시 단순히 발음기호 역할만 하는 것이 아니라 분명히 중국의 선조들이 창세기에 기록된 고대의 역사들을 그들의 조상들로부터 듣고 알고 있었음을 알려 주는 글자로 추정된다. 삼 마(麻)자는 마약(痲藥)의 일종인 대마초(大麻草)와 관련이 있는 글자이다. 줄기의 껍질을 섬유의 원료로 이용하여 '밧줄을 만들기도 하고 삼베를 짜서 옷을 만들어 입기도 했던 집(广)에서 키우던 식물(林)'을 가리켜 중국 사람들은 아마(亞麻)/대마초(大麻草)의 삼 마(麻)로 불렀다. 바로 이 삼(麻)이 마약으로 사용되면 사람들을 환각 상태로 빠뜨리게 된다. 하와를 유혹한 뱀이 상징하는 귀신(鬼)인 마귀가 사람들을 꾀어 선악과를 따먹게 했다는 것은 한편으로는 아담과 하와의 정신을 혼미케 한 것이나 마찬가지이므로 사람을 환각(麻) 상태에 빠뜨려 신의 명령을 어기게 만든 귀신((鬼)이 곧 마귀 마(魔)자가 되었다는 사실은 그저 우연의 일치로만 치부할 수는 없을 것 같다.

* 마귀(魔鬼)/악마(惡魔)

삼 마(麻) = 집 엄(广) + 수풀 림(林)

* 삼 마(麻)자에 들어 있는 수풀 림(林)자처럼 생긴 글자는 삼의 껍질을 벗겨서 만든 섬유를 뜻하는 줄기가 긴 풀 파(朩朩)자를 의미하는 글자로 수풀 림(林)자가 아님에 유의하자.

* 수풀 림(林)자는 아니지만 수풀 림(林)자와 비슷한 꼴을 하고 있어 더더욱 이 글자를 마귀 마(魔)자를 만드는데 이용했을 수도 있다.

* 아마(亞麻)/마약(痲藥)/대마초(大麻草)

뱀 사(蛇)

蛇

벌레 충(虫) + 다를 타/뱀 사(它)

뱀 사(蛇) = 발꿈치를 무는 벌레(虫)

뱀 사(蛇)자는 의미를 상징하는 벌레 충(虫)자와 뱀이 혀를 날름대는 모습을 본뜬 다를 타(它)자와 합쳐서 만든 글자이다.

여기서 뱀 사(蛇)의 원글자인 타(它)자의 갑골문은 벌레와 발(止)을 그려 놓은 모습이다. 성서에 기록된 최초의 예언은 창세기 3장 15절에 선악과를 따먹고 난 다음 뱀에게 내린 '여자의 자식'은 뱀의 머리를 짓밟고 뱀은 '여자의 후손의 발꿈치'를 문다라는 형벌을 기록한 것인데 과연 중국의 선조들이 자신들의 선조들로부터 그러한 이야기들을 전해 들어 알고 있었기 때문에 '발꿈치를 물고 있는 벌레'의 모습을 '뱀'을 뜻하는 글자로 만들지 않았을까 추측을 해 본다.

* 물론 이 글자는 벌레와 발(止)을 합쳐 놓은 모습이므로 벌레가 상징하는 '뱀이 기어가는(止) 모습을 본뜬 글자' 일 것이다. 즉 미끄러지듯이 기어가는 벌레가 뱀이라 하여 만들었을 것이다. 그러나 위의 추리도 완전히 소설만은 아닐 가능성도 있다.

* 독사(毒蛇)/살모사(殺母蛇)

○ 창세기 3 : 6

6. 그리하여 여자가 보니 그 나무는 먹기에 좋고 눈으로 보기에도 소담스러운
것이었다. 지혜롭게 할 만큼 탐스러워 보이는 나무였다. 그래서 그는 그 열매
를 따먹고 자기와 함께한 남편에게도 주니, 그도 그것을 먹었다.

괜찮아요, 따먹어요.
앗싸, 걸려들었다. 히히히

탐할 람(婪)

婪

수풀 림(林) + 여자 여(女)

탐할 람(婪) = 선악과(林)를 쳐다보며 군침 흘리는 여자(女)

'따먹지 말라는 신의 명령'에도 불구하고 뱀의 유혹에 넘어가게 된 하와가 선악과(木)와 생명나무(木)를 자꾸 쳐다보면서 따먹으려고 탐내는 모습을 표현한 글자이다. 맨 처음 아담이 아닌 하와가 유혹을 당해 선악과를 따먹고 싶은 탐심을 키우게 되었다 하여 여자를 뜻하는 '여자 여(女)'자와 따먹을 수 없는 선악과와 생명나무를 상징하는 두 개의 나무를 그려놓은 '수풀 림(林)'자를 합쳐서 만든 글자가 '탐하다, 욕심부리다'의 뜻을 갖는 탐할 람(婪)자가 된 것이다.

* 탐람(貪**婪**)

어, 어, 안돼!
하느님이 거짓말 하신 거라는데요. 이걸 먹으면 하느님처럼 된대요.
당신도 드셔봐요. 과즙이 끝내줘요~ 정말로 맛있어요.
아, 눈이 점점 밝아져 오는 것 같아요.
이제 세상은 다 우리 거예요. 여보

○ 창세기 3 : 17,18

17. 그리고 아담에게 그분이 말씀하셨다. "네가 네 아내의 목소리를 듣고서, 내
가 너에게 명령하기를 '너는 그것을 먹어서는 안 된다'고 한 그 나무의 열매
를 먹었으므로, 너 때문에 땅이 저주를 받고 너는 종신토록 수고하여야 그
소산을 먹으리라.

18. 그리고 땅은 가시나무와 엉겅퀴를 너에게 낼 것이다...

가시나무 초(楚)

楚

수풀 림(林) + 발 소(疋)

가시나무 초(楚) = 선악과(林)를 따먹으러 들어감(疋)과 동시에 인류의 삶이 가시밭길(楚)로 바뀜

가시나무 초(楚)자는 생명나무와 선악과(林) 사이로 걸어 들어간 발걸음(疋)을 그려 놓은 글자이다.

선악과를 따먹으면 하느님처럼 되어 삶이 더 좋아질 것으로 예상했을 것이지만 현실은 그와는 정반대로 아담과 하와가 선악과를 따먹은 이후 '인류의 삶이 가시밭길'로 변했음을 알려주는 글자가 바로 가시나무/회초리/초나라 초(楚)자이다.

하느님께서 선악과를 따먹고 남자를 저주하시면서 '땅은 가시나무'를 낼 것이다고 한 말씀이 참으로 흥미롭지 않은가?

* 초달(楚撻) – 회초리로 종아리를 때림을 뜻하는 말.

* 장기를 즐겨 두던 사람들은 '아~ 이 글자, 초나라 초(楚)자가 아닌가?'할지 모르지만, 어디까지나 초나라가 먼저 생기고 글자가 생긴 것이 아니라 이미 생긴 글자를 훗날 나타난 초나라가 차용한 것에 지나지 않는다.

금문

금문

주춧돌 초(礎)

礎

돌 석(石) + 가시나무 초(楚)

주춧돌 초(礎) = 가시밭길(楚) 위에 기초석(石)을 놓음

건물의 기초인 기둥을 받치던 돌(石)을 가리켜 가시나무 초(楚)를 발음으로 주춧돌 초(礎)라 한다. 사물의 기초(基礎)나 초석(礎石)을 놓았다 할 때 흔히 사용되는 글자이다. 물론 많은 학자들은 가시나무 초(楚)자가 발음기호라고 한다.
동의하지만 왜 굳이 중국의 선조들이 이 글자(楚)를 주춧돌 초(礎)자의 발음기호로 사용했을까?
분명 중국의 선조들도 인류의 시초에 대한 이야기들을 그들의 조상들로부터 구전으로 전해 들었을 것이고, 그리하여 인류가 왜 이렇게 고통 가운데 살게 되었는지 알게 되었을 것이다. 물론 처음에 인류 앞에 놓인 기초는 더없이 훌륭했을지 모르나 첫 조상이 선악과를 따먹고 나서 다시 놓인 기초는 가시밭길이었다.
따라서 중국의 선조들이 가시나무 초(楚)자를 주춧돌 초(礎)자의 발음기호로 사용한 데는 충분한 이유가 있었음을 알려 준다. 그러므로 인류의 기초(基礎)는 참으로 험난함이 예고된 것이었음을 이 글자를 통해서도 알 수 있다.

* 주춧돌 – 기둥 밑에 기초로 받쳐 놓은 돌을 가리킴.

* 초석(礎石) – 어떤 사물의 기초를 비유적으로 이르는 말로 주춧돌이 같은 말임.

* 기초(基礎) – 사물이나 일 따위의 기본이 되는 토대. 또는 건물, 다리 따위와 같은 구조물의 무게를 받치기 위하여 만든 밑받침.

아담, 이브
어디 있느냐?

○ 창세기 2 : 25

25. 아담과 그 아내 두 사람이 벌거벗었으나 부끄러워 아니하니라.

○ 창세기 3 : 7

7. 이에 그들의 눈이 밝아, 자기들의 몸이 벗은 줄을 알고 무화과나무 잎을 엮
어 치마를 하였더라.

벌거벗을 라(裸)

裸

옷 의(衣) + 실과 과(果)

나/라(裸) = 선악과(果)를 따먹고 처음으로 한 일이 옷(衣)을 만들어 중요 부위를 가리는 행위였다

벗다/벌거벗다/벌거숭이의 뜻을 갖는 나/라(裸)자는 옷 의(衤)자와 실과/과실 과(果)자의 합자이다. 이 글자 역시 참으로 흥미 있다. 성서 창세기에는 '처음에는 아담과 하와가 둘 다 벌거벗고 있었지만 부끄러워하지 않다가 선악과(果)를 따먹고 나자 눈이 열려 자신들의 벌거벗음을 부끄러워하여 무화과 잎을 엮어 옷(衣)을 만들어 입었다'고 알려 준다. 따라서 이 글자 역시 중국의 선조들이 조상들로부터 전해 들은 구전을 근거로 만들었을 것으로 충분히 추정해 볼 수 있는 글자이다. 그렇지 않다면 왜 '벌거벗다'의 뜻을 갖는 글자를 만드는데 옷(衣)과 과일나무(果)를 합쳤을까?

* 나체(裸體)/나신(裸身)/적나라(赤裸裸)

옷 의(衣) = 옷 의(衤)

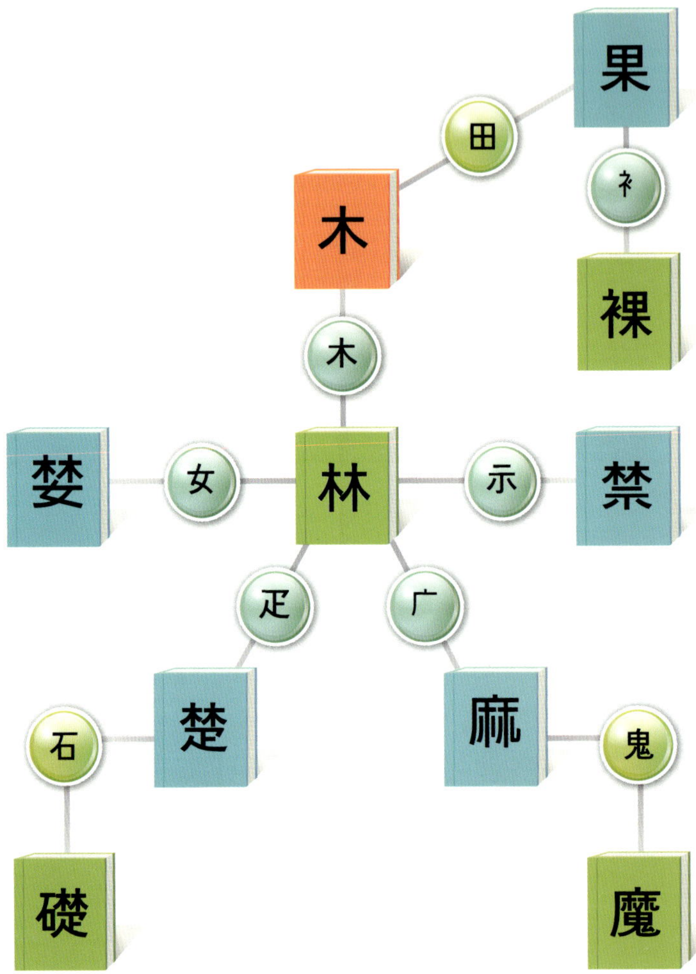

木
나무목

림(林)	+	나무 목(木) + 목(木)	초(楚) +	발 소(疋)
금(禁)	+	제단/보일 시(示)	초(礎) +	돌 석(石)
마(痲)	+	집 엄(广)	과(果) +	밭 전(田)
마(魔)	+	귀신 귀(鬼)	라(裸) +	옷 의(衤)
람(婪)	+	여자 여(女)		

3장

낙원에서 추방되는 첫 조상

에덴동산에서 울며 쫓겨나는 모습을 본뜬 글자인 옷 길 원(袁)자와 '발과 길'을 뜻하는 갈 착(辶)자를 추가하여 동산(園)에서 추방되어 쫓겨나는 모습을 분명히 하였다.

아담과 이브야
어디 있느냐?
따 먹지 말라한 선악과
를 왜 따먹었느냐?
당신이 주신 저 사람이
먹으라 해서...

아, 정말 억울합니다.
당신이 데려온 저 사람
때문에...
저 뱀이 자꾸만 괜찮다
고 따먹으라 해서...
어떻게 한번만
용서해 주시면
안 될까요?'

○ 창세기 3장

21. 여호와 하느님이 아담과 그의 아내를 위하여 긴 가죽옷(롱코트)을 만들어 그 들에게 입히셨다.

22. 그리고 여호와 하느님이 말씀하셨다. "자, 사람이 선악을 아는데 우리 중 하 나같이 되었으니, 이제 그가 손을 내밀어 실제로 생명나무의 열매를 따서 먹 고 한정 없는 때까지 사는 일이 없도록 ..."

23. 그리하여 여호와 하느님은 그를 에덴동산에서 내보내시고 그가 취함을 받은 그 땅을 경작하게 하셨다.

24. 이렇게 그분은 사람을 쫓아내시고 에덴동산 동쪽에 그룹들과 두루 도는 화 염검(火焰劍)을 두어 생명나무의 길을 지키게 하셨다.

옷 길 원(袁)

袁

발 지(止) + 슬플 애(哀)

원(袁) = 슬퍼하며(哀) 에덴동산에서 쫓겨나는(止) 모습

슬플 애(哀)자와 발 지(止)자를 합친 모습, 혹은 상복(哀)에 장식(一)을 달아맨 모습을 본뜬 글자가 성씨/옷 길 원(袁)자이다. 슬플 애(哀)자는 옷 의(衣)자와 입 구(口)자의 합자로 상복(衣)을 입고 곡(口)하는 모습을 본뜬 글자로 여겨진다. 선악과를 따먹고 벌거벗음을 깨닫고 무화과 잎으로 중요 부위를 가렸을 때 창세기 3장 21절에 보면 아담과 이브에게 하느님이 긴 가죽옷을 만들어 입히셨다는 기록이 나온다. 따라서 옷 길 원(袁)자는 슬플 애(哀)자와 발 지(止)가 합쳐진 것이므로 '낙원에서 울며 추방되는 장면'을 연상시키며, 하느님께서 긴 옷을 해 입히셨다는 기록에서 '긴 옷'의 뜻을 갖게 되었을 것이다. 따라서 이 글자는 '긴 옷의 뜻 외에 추방되다, 낙원' 등의 뜻으로도 해석이 가능하다.

* 흙 토(土)자의 원글자는 발 지(止)이다.

옷	슬플	옷 길		
衣	哀	袁		
의	애	원	금문	전문

동산 원(園)

園

에덴동산(囗) + 옷 길 원(袁)

원(園) = 긴 옷(袁)을 입은 사람이 살던 곳(囗)

낙원을 뜻하는 **동산 원(園)자는 동산의 경계(囗)와 옷 길 원(袁)**자를 합쳐서 만든 글자이다. 옷 길 원(袁)자가 선악과를 따먹은 첫 조상 아담과 이브가 낙원에서 추방되는 모습을 표현한 글자로서, 그 글자 주위에 경계(囗)가 처졌다는 것은 추방되기 전에 살았던 **'에덴동산'**의 모습을 떠올리게 한다. 그러므로 옷 길 원(袁)자에 에덴동산의 경계(囗)를 더한 모습에서 **원(園)자가 에덴동산 즉 낙원**을 뜻하는 글자가 되었을 것으로 추측한다.

* 낙원(樂園)/공원(公園)

추방되기 전의 낙원을 뜻하는 글자 – 園
아담의 추방 이후 세상에는 진정한 의미의 낙원이 더는 존재하지 않게 되었다.

동산에서 쫓겨나는 두 사람

천사와 스스로 도는 불칼이 선악과의 생명나무를 지키는 장면

추방된 두 사람이 에덴동산을 바라보며 안타까워하고 있는 모습

멀 원(遠)

遠

갈 착(辶) + 옷 길 원(袁)

원(遠) = 에덴동산(袁)에서 쫓겨나(辶) 다시는 돌아오지 못함

멀 원(遠)자가 만들어진 과정을 추리해 보면 이 역시 상당히 흥미롭다. 에덴동산에서 울며 쫓겨나는 모습을 본뜬 글자인 옷 길 원(袁)자와 '발과 길'을 뜻하는 갈 착(辶)자가 합쳐진 것으로 원(袁)자가 '긴 옷'의 뜻으로 의미가 굳어지자 갈 착(辶)자를 추가하여 동산(園)에서 추방되어 쫓겨나는 모습을 분명히 하였다. 에덴동산 주변에 천사들을 배치하고 두루 도는 불칼날을 두어 다시는 낙원으로 되돌아갈(辶) 수 없게 만든 상황을 그려 보라. 아무리 먼 나라나 지역이라도 시간이 걸릴 뿐 어디든 돌아갈 수 있지만, 에덴동산(袁)에서 쫓겨난 아담과 이브는 아무리 동산 근처에 살았다 할지라도 에덴동산(袁)으로는 두 번 다시 되돌아갈(辶) 수 없었다. 이보다 먼 곳이 있었겠는가? 이 세상에서 가장 먼 곳이란 곧 갈 수 없는 곳이 아니겠는가? 거리가 가깝든 멀든 갈 수 없는 곳보다 더 먼 곳이 어디 있을까? 그런 의미에서 본다면, 아담과 이브를 포함 인류에게 에덴동산보다 더 먼 곳은 없었을 것이다. 따라서 원(遠)자가 '멀다'의 뜻을 갖게 되었다.

* 영원(永遠)/원근(遠近)/망원경(望遠鏡)

옷 길 원(袁) + 갈 착(辶) – 낙원에서 추방되어 낙원을 떠나는 장면에서 만들어진 글자

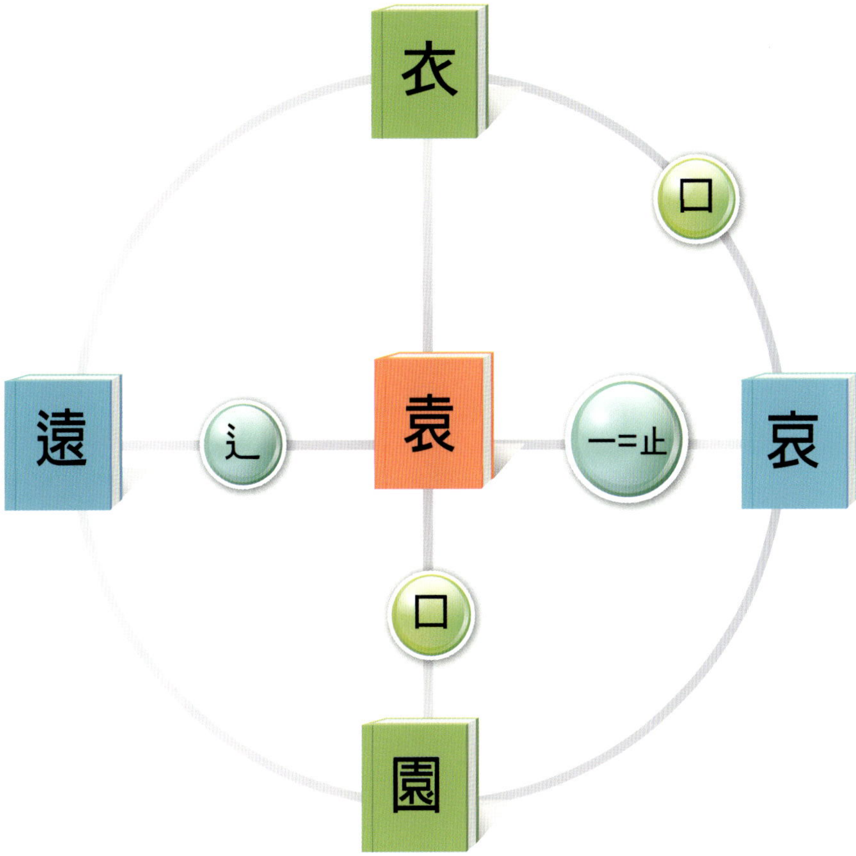

衣 의

애(哀)	+	입 구(口)
원(袁)	+	한 일(一) = 발 지(止)
원(園)	+	둘레 위(囗)
원(遠)	+	갈 착(⻌)

4장

낙원에서 추방당한 이후의 삶

가족을 부양하기 위해 밭(田)에서 열심히 쟁기질(力)하며 땀 흘려 일하는 모습을 본떠서 '사내, 아들, 남자'의 뜻을 갖는 남자(男)자.

산모(𠂉)의 자궁(口)이 벌어지면서 애(儿)를 낳는 장면이다. 출산의 고통과 사회적 책임에서 벗어난다 하여 만들어진 글자가 면할 면(免)자

너는 얼굴에 땀을 흘려야
빵을 먹을 것이다.
너는 고통가운데
아이를 낳게 될 것이다.

○ 창세기 3장

17. 그리고 아담에게 그분이 말씀하셨다. "네가 네 아내의 목소리를 듣고서, 내
가 너에게 명령하기를 '너는 그것을 먹어서는 안 된다'고 한 그 나무의 열매
를 먹었으므로, 너 때문에 땅이 저주를 받고 너는 종신토록 수고하여야 그
소산을 먹으리라.

18. 그리고 땅은 가시나무와 엉겅퀴를 너에게 낼 것이다...

19. 네가 얼굴에 땀이 흘러야 식물을 먹고...

사내 남(男)

男

밭 전(田) + 힘 력(力)

사내 남(男) = 밭(田)에서 땀 흘리며 쟁기질(力)하는 사람

하느님께서 선악과를 먹는 일에 동참하여 죄를 지은 아담에게 '너는 얼굴에 땀을 흘려야 빵을 먹고'라고 말씀하셨다. 모름지기 그때 이후로 남자인 아버지는 가족을 부양하기 위하여 열심히 일해야만 하는 존재가 되었다. 따라서 가족을 부양하기 위해 밭(田)에서 열심히 쟁기질(力)하며 땀 흘려 일하는 모습을 본떠서 '사내, 아들, 남자'의 뜻을 갖는 남(男)자가 탄생하였다는 사실은 참으로 흥미롭다.

* 남편(男便)/남자(男子)/남녀(男女)/장남(長男)

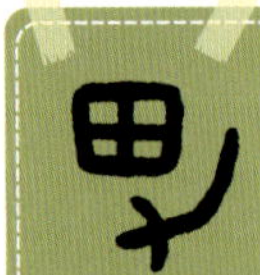

갑골문

전문

○ 창세기 3 : 16

16. 여자에게 그분이 말씀하셨다. "내가 네 임신 고통을 크게 증가시킬 것이다.
너는 해산 고통을 겪으며 자녀를 낳을 것이다. 너의 갈망은 네 남편을 향하
고, 그는 너를 지배할 것이다."

면할 면(免)

免

사람(⺈) + 자궁(口) + 사람(儿)

면할 면(免) = 산모(⺈)가 자궁(口)으로 애(儿)를 낳는 모습

산모(⺈)의 자궁(口)이 벌어지면서 애(儿)를 낳는 장면이다. 출산을 하게 되면 출산의 고통과 사회적 책임에서 벗어난다 하여 만들어진 글자가 면할 면(免)자인데, "너는 해산 고통을 겪으며 자녀를 낳을 것"이라는 하느님의 말씀과 조화되는 글자임을 알 수 있다.

* 동양에서 여자가 애를 낳지 못하면 죄인 취급을 당하였다. 따라서 여자는 아이를 낳아야만 그러한 사회적 책임에서 벗어날 수 있었다.

이미 중국의 선조들이 여자가 출산할 때 고통스럽다는 것을 다 알고는 있었지만 '아이를 출산하는 장면'을 본떠서 출산이 끝나야 '고통에서 면해진다'는 뜻의 글자를 만든 것은 참으로 흥미롭다.

원래는 이 글자가 '출산하다'의 뜻을 갖는 글자였으나, 점차 '면하다, 벗어나다, 용서하다, 허가하다' 등의 뜻으로 의미가 확대되었다.

* 면허(免許)/면제(免除)/사면(赦免)/방면(放免)

금문

전문

힘쓸 면(勉)

勉

면할 면(免) + 힘 력(力)

힘쓸 면(勉) = 애를 낳으면서(免) 힘쓰는(力) 산모

'힘쓰다'라는 뜻의 글자를 만들기 위해 아기를 낳는 모습을 본뜬 글자인 면할 면(免)자와 쟁기의 모습인 힘 력(力)자를 합쳐 놓은 꼴이다. "너는 해산 고통을 겪으며 자녀를 낳을 것"이라는 하느님의 말씀과 일치하게 애를 낳으면서(免) 너무도 힘들어하는, 그리고 온몸의 힘(力)을 다 쏟아붓는 여인네의 모습에서 '힘쓰다'의 뜻이 나왔다는 것은 참으로 흥미로울뿐더러 중국의 조상들도 초기 인류사에 대한 지식을 갖고 있었음을 알려 주는 것 같아 신비로울 따름이다. 경우에 따라서 하루 종일 산고에 시달리기도 한다는 점을 생각하면 애 낳는 일이 얼마나 고통스럽고 힘든 일인가를 짐작해 볼 수 있다.

또한 힘 력(力)자가 쟁기를 본뜬 글자이므로 남자가 농경지에서 힘들게 일하는 모습을, 그리고 면(免)자가 아이를 낳고 있는 모습이므로 여자가 출산을 하면서 고통을 겪는 모습을 합쳐서 '힘쓰다'의 뜻이 파생되었을 수도 있다.

* 근면(勤勉) – 부지런히 일하며 힘씀을 이르는 말.
* 면강(勉强) – 억지로 하거나 시킴을 이르는 말이나, 일본어에서는 '공부'의 뜻을 갖는다.

저물 만(晩)

晩

해 일(日) + 면할 면(免)

저물 만(晩) = 해(日)질 때까지 산고(免)에 시달리는 모습

애 낳기가(免) 너무도 힘들어 하루(日) 종일 산통에 시달리는 모습을 묘사한 글자이다. 아침에 산통이 찾아왔지만 해(日)가 다 떨어지고 저녁이 되어서야 겨우 애를 낳고 고통에서 벗어난(免) 산모를 머릿속으로 그려 보라. '저물다, 늦다, 끝' 등의 뜻을 갖는 만(晩)자는 그렇게 하여 탄생하게 되었다.
실제로 산통은 느껴져 출산 모드에 돌입했지만 아이가 나오지 않아 하루 종일 아니 그 이상 고통을 겪는 산모들도 있다. 아무튼 이 글자 역시 무척 흥미롭다.

* 만추(晩秋)/만찬(晩餐)/만년(晩年)/대기만성(大器晩成)

낳을 만(娩)

娩

여자 여(女) + 면할 면(免)

낳을 만(娩) = 여자(女)가 애를 낳고 있는(免) 모습

아이를 낳고 있는 모습을 본뜬 글자인 면(免)자가 '출산하다'의 뜻은 사라지고 '면하다'의 뜻을 갖게 되자 고통 가운데 애를 낳는(免) 것은 여자(女)의 일이라 하여 여자 여(女)자를 추가하여 '낳다, 해산하다'의 원뜻을 되살린 글자가 바로 분만(分娩)의 낳을 만(娩)자이다. 세상이 바뀌고 모든 게 다 바뀌어도 애를 낳는 일만큼은 결코 남자가 할 수 없을 것이다.

당길 만(挽)

挽

손 수(扌) + 면할 면(免)

당길 만(挽) = 태어나는(免) 아이를 받아내는(扌) 모습

동서양을 막론하고 산모의 출산(免)을 도와주는 산파(産婆)들이 있었다. 태어나는 아기를 두 손(扌)으로 받기도 하지만 산모의 자궁에서 아기를 당겨 끄집어 내기도 하는 일을 하였다. 바로 산파가 아이를 산모의 자궁에서 끄집어내는(扌) 모습에서 **'당기다, 말리다'** 등의 뜻을 갖는 **만(挽)**자가 탄생하였다.

* 손(扌)은 밀고 · 당기고 · 만지고 · 줍고 · 던지고 등등의 일을 하는 신체 기관이다. 태어나는 아이를 산모의 자궁에서 손으로 끌어낸다 하여 손 수(扌)자를 '끄집어내다'로 해석하였다.

* 면(免)자는 산모가 아이를 낳고 있는 모습이므로 '출산'으로 해석하였다.

* 만회(挽回)/만류(挽留)

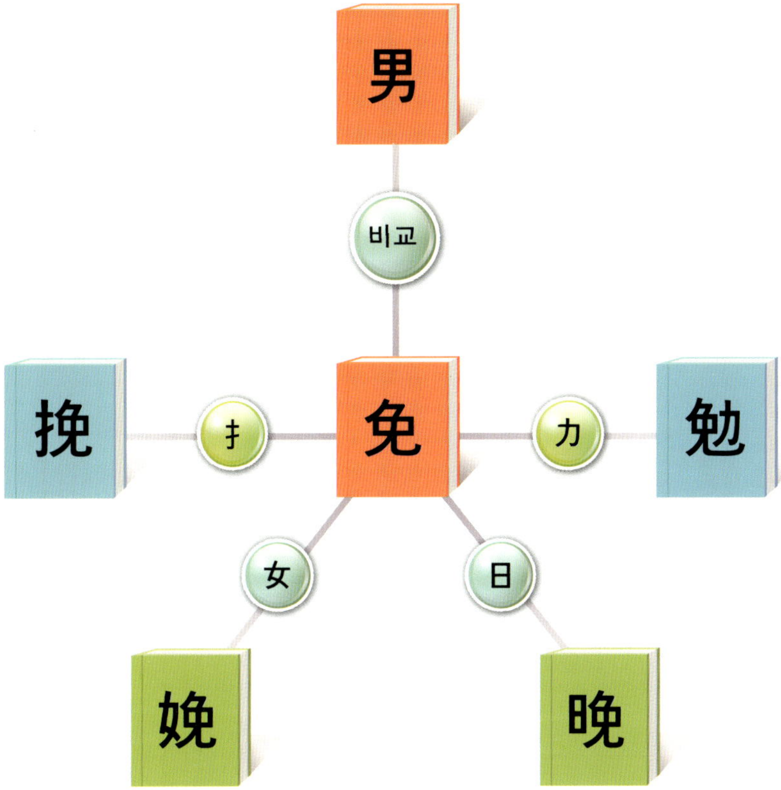

免
면

면(勉)	+	힘 력(力)	만(娩)	+	여자 여(女)
만(晩)	+	해 일(日)	만(挽)	+	손 수(扌)

인류사 3대 최악 사건

두 번째 - 노아의 대홍수

배 선(船)자는 통나무 속을 파내어 만든 작은 거룻배의 모습을 본뜬 글자인 배 주(舟)자와 여덟 명의 사람을 뜻하는 여덟 팔(八)자 그리고 사람을 뜻하기도 하는 입 구(口)자를 합쳐서 만든 매우 흥미 있는 글자이다. 노아의 대홍수 때 살아남은 사람은 노아 부부와 세 명의 아들과 그 아들들의 부인들 이렇게 총 8명이었음을 성서는 알려 준다.

노아 홍수

- 사람들은 노아 홍수에 대한 이야기를 사실로든 신화로든 많이 알고 있다. 그러나 왜 노아 홍수를 하느님이 가져와야만 했는가에 대한 지식은 없는 경우가 많다.

- 사실 노아 홍수에 대한 직접적 원인은 반역한 천사들로 인해 이 땅이 악으로 가득차 자멸할 위험성이 생기자, 하느님이 인간사에 직접 개입하셔서 상황을 조정하신 사건이다. 이러한 배경 지식을 가지고 노아의 홍수를 살펴보면 더 흥미롭고 유익할 것이다.

- 노아 홍수는 BCE 2,370년경에 일어난 것으로 추정되므로 현 2,013년 시점으로부터 약 4,383년 전의 사건임을 알 수 있다.

○ 창세기 6 : 1, 2

1. 사람이 땅 위에 번성하기 시작할 때에 그들에게서 딸들이 나니,

2. 하느님의 아들들이 사람의 딸들의 아름다움을 보고 자기들이 좋아하는 모든 자로 아내를 삼는지라.

두 번째 – 노아의 대홍수

음흉하게 이 땅의 아리따운 여자들을 쳐다보는 하늘의 천사들과 아리따운 아가씨들

기골이 장대하고 멋진 사내로 화신하여 한껏 치장한 여자들을 향해 다가오는 모습

○ 창세기 6 : 4

4. 당시에 땅에 네피림이 있었고 그 후에도 하느님의 아들들이 사람의 딸들을
취하여 자식을 낳았으니 그들이 용사(勇士)라 고대에 유명한 사람이었더라.

○ 창세기 3 : 15

15. 그리고 내가 너와 여자 사이에, 너의 씨와 여자의 씨 사이에 적의를 둘 것
이다. 그는 너의 머리를 상하게 할 것이고 너는 그의 발꿈치를 상하게 할 것
이다.

화신한 천사들을 보고 침 흘리는 여자들

하느님께서
뱀의 머리를 상하게 할
여자의 씨를
약속하셨는데...
저이와 결혼해서 내가
그 씨를 낳아야지.
흥 누구 맘대로 내가
하느님의 아들을 낳을 거야.

응애~
응애~
응애~
응애~
응애~

○ 창세기 6장

3. 여호와께서 가라사대 "내 영이 영원히 사람과 함께 하지 아니하리니 이는 그들이 육체(肉體)가 됨이라 그러나 그들의 날은 일백이십 년이 되리라 하시니라."

4. 당시에 땅에 네피림이 있었고 그 후에도 하느님의 아들들이 사람의 딸들을 취하여 자식을 낳았으니 그들이 용사(勇士)라 고대에 유명한 사람이었더라.

5. 그리하여 여호와께서 보시니 사람의 악이 땅에 가득하고 그 마음의 생각의 모든 성향이 항상 악할 뿐이었다.

6. 여호와께서 땅에 사람을 만드신 것을 한탄하시고, 마음 아파하셨다.

7. 그래서 여호와께서 말씀하셨다. "내가 창조한 사람들을 지면에서 쓸어버리겠다. 사람에서 가축, 길짐승과 하늘의 날짐승에 이르기까지 쓸어버리겠다. 내가 그들을 만든 것을 참으로 한탄하기 때문이다."

8. 그러나 노아는 여호와께 은혜를 입었더라.

기골이 장대한 네피림들이 사람들을 괴롭히고 때리고 빼앗고 놀리고.......

이 땅에 폭력이 가득하자 인간을 만드심을 후회하시는 하느님

○ 창세기 6장

8. 그러나 노아는 여호와께 은혜를 입었더라.

9. 이것은 노아의 역사이다. 노아는 의로운 사람이었다. 그는 그 동시대인들 가운데 흠 없는 사람이 되었다. 노아는 참 하느님과 함께 걸었다.

10. 얼마 후에 노아는 세 아들, 셈과 함과 야벳의 아버지가 되었다.

11. 그리고 땅은 참 하느님이 보시기에 파멸되었으며, 땅은 폭력으로 가득 차게 되었다.

12. 하느님이 땅을 보시니, 보라! 그것이 파멸되었다. 모든 육체가 땅에서 그 길을 파멸시켰기 때문이다.

13. 그 후에 하느님이 노아에게 말씀하셨다. "모든 육체의 끝이 내 앞에 이르렀다. 그들로 말미암아 땅에 폭력이 가득하기 때문이다. 이제, 내가 그들을 땅과 함께 멸하겠다.

14. 너는 수지성 나무로 방주를 만들어라. 방주에 칸들을 만들고, 그것의 안팎을 타르로 덮어야 한다.

15. 너는 그것을 이렇게 만들 것이다. 방주의 길이는 삼백 큐빗, 너비는 오십 큐빗, 높이는 삼십 큐빗이다.

16. 너는 거기에 창을 내되 위에서부터 한 큐빗에 내고, 방주의 입구는 옆으로 내고. 방주는 아래층과 이층과 삼층으로 만들 것이다.

우리 소도
훔쳐갔어요.
저 용사들이 스가랴의
집을 불살라 버렸어요.
우리 집 개를
짓밟아 죽였어요.

모든 육체의 끝이
내 앞에 이르렀다.
땅에 폭력이 가득 찼기
때문이다.

너는 수지성 나무로
방주를 만들어라.
방주에 칸을 만들고
길이는
높이는 ...등등

아니 비가 뭐야?
비가 먹는 거야? 한국의 인기 가수가 '비'잖아.
소주는 들어봤어도 방주는 처음 듣는데 자넨 방주가 뭔지 아나?
글쎄 방공호인가?
전쟁도 없는데 무슨 방공호...

비웃는 사람들

○ 창세기 6 : 18, 19

18. 내가 너와 계약을 굳게 세운다. 너는, 곧 너와 네 아들들과 네 아내와 네 아들
들의 아내들은 함께 방주로 들어가야 한다.

19. 혈육 있는 모든 생물을 너는 각기 암 수 한 쌍(雙)씩 방주로 이끌어 들여 너와
함께 생명을 보존케 하되.

완공된 방주로 들어가는 대형 동물들

이제 문을 닫아라!

쾅!
웅성~ 웅성~
음흠...
우르르 쾅쾅!
쏴아
쏴아

쏴아
쏴아
노아 형제,
나 옆집 살던
아브라함이요.
삼촌, 저 영희여요.
화장실 갔다 늦었어요.
셈 형제 내 오다
조금 늦었는데
문 좀 열어주시오.

○ 창세기 7장

6. 노아가 육백 살이었을 때에 땅에 대홍수가 일어났다.

7. 노아는 그의 아들들과 그의 아내와 그의 아들들의 아내들과 함께 대홍수의 물보다 앞서 방주로 들어갔다.

13. 바로 그 날에 노아와, 노아의 아들들인 셈과 함과 야벳과, 노아의 아내와, 그의 아들들의 세 아내가 함께 방주로 들어갔다.

23. 이렇게 그분이 지면에 있는 모든 존재를, 사람에서 짐승, 길짐승과 하늘의 날짐승에 이르기까지 쓸어 버리셨으니, 그것들이 땅에서 쓸려 나갔다. 노아와 그와 함께 방주 안에 있던 자들만 살아남았다.

배 선(船)

船

배 주(舟) + 여덟 팔(八) + 입 구(口)

배 선(船) = 배(舟)를 타고 살아남은 여덟(八) 사람(口)

* 여덟 팔(八) + 입 구(口) = 산속 늪 연(㕣)

배 선(船)자는 통나무 속을 파내어 만든 작은 거룻배의 모습을 본뜬 글자인 배 주(舟)자와 여덟 명의 사람을 뜻하는 여덟 팔(八)자 그리고 사람을 뜻하기도 하는 입 구(口)자를 합쳐서 만든 매우 흥미 있는 글자이다. 노아의 대홍수 때 살아남은 사람은 노아 부부와 세 명의 아들과 그 아들들의 부인들 이렇게 총 8명이었음을 성서는 알려 준다. 틀림없이 중국의 선조들도 노아의 대홍수에 대해 그들의 조상들로부터 들었을 것이며, 그 홍수에서 살아남은 사람들이 '여덟 명' 뿐이었다는 것도 들었을 것으로 추정되는 이유가 바로 이 배 선(船)자인 것이다. 노아 방주의 흔적을 찾기 위해 수많은 탐험가들이 지금까지도 탐사를 벌이고 있다는 기사와 몇몇 탐험가들에 의해 노아 방주의 흔적이 발견됐다는 기사도 보았으나 여전히 방주의 흔적은 어디에서도 발견되지 않았다. 그런데 그림글자인 중국의 한자에 배 선(船)자가 존재한다는 사실은 노아 홍수가 그리고 그 홍수에서 살아남은 사람들이 8명이었다는 성서의 기록이 단순한 허구에 불과한 것이 아니라 실제 역사였음을 증명해 주는 고고학적 증거인 듯 하여 더욱 흥미롭다. 이렇게 추리를 하지 않고 다르게 생각한다면, 도대체 8(八)명의 사람(口)이 배(舟)를 타고 있는 모습의 글자가 어떻게 배를 뜻하는 선(船)자가 되었을까?

* 방주(方舟)/선박(船舶)/어선(漁船)/인구(人口)/식구(食口)
* 인구(人口)/식구(食口)에서 보듯 입 구(口)자는 사람을 의미하기도 한다.

금문

전문

물 따라갈/따를/가장자리/언저리 연(沿)

沿

물 수(氵) + 산속 늪 연(㕣)

가장자리 연(沿) = 늪(氵) 주위를 거닐던 여덟(八) 사람(口)

홍수가 끝난 후 땅이 마르는 과정에서 성경에 보면 '땅이 마르지 않아 앉을 곳을 찾지 못한 비둘기가 다시 노아 방주로 돌아왔다고' 알려 준다. 이 사실과 상식적으로 생각을 해 보면 물이 빠지는 과정에서 방주가 머문 주변으로 늪이나 호수가 생겨났을 것이다. 높은 산들이나 구릉들 사이로 분명 늪이나 호수가 일시적이나마 꽤 많이 존재했을 것이고, 그 호수나 늪의 언덕이나 가장자리에 방주가 머무르게 되었을 것이다. 따라서 전혀 연관성이 없는 여덟 팔(八)자와 입 구(口)자를 합친 글자가 '산속 늪'의 뜻을 가지게 된 것은 결코 우연이라 보기 힘들고 이 글자 역시 노아의 대홍수와 연관이 있다고 본다.

바로 그 산속 늪(㕣)이나 호수를 뜻하는 글자와 물 수(氵)가 합쳐지면서 '물을 따라가다, 가장자리, 언저리' 등의 뜻이 파생되었을 것이다. 산속 늪 주변이나 호숫가를 산책하는 노아의 가족들을 머릿속에 그려 보기 바란다.

* 연안(沿岸) – 강이나 호수, 바다를 따라 잇닿아 있는 육지. 또는 육지와 면한 바다 · 강 · 호수 따위의 물가를 이르는 말.

* 연도(沿道) – 큰 도로 좌우에 연하여 있는 곳을 가리킴.

한가지 동(同)

同

무릇 범(凡) + 입 구(口)

한가지 동(同) = 방주(凡)에서 나와 한목소리(口)로 신에게 감사를 드림

무릇 범(凡)자는 물에 떠 있는 돛단배나 쪽배의 모습을 본뜬 글자로 여겨진다. 배 주(舟)자와 갑골문이 거의 비슷하다. 또한 한가지 동(同)자의 갑골문 역시 범(凡)자나 주(舟)자와 거의 같은 꼴이다. 따라서 한가지 동(同)자를 배(凡)와 입(口)으로 본다면 방주를 만들기 위해 함께 힘을 합쳤던 노아의 가족을 연상해 볼 수 있다. 노아의 가족은 방주를 만들기 위해 혹은 대홍수를 살아남은 후 방주에서 나와 함께 한목소리(口)로 하느님께 감사 제사를 올렸다는 성서의 기록과 어쩌면 연관성이 있는 글자인지도 모른다. 따라서 한뜻으로 방주를 만들고 한목소리(口)로 신에게 감사를 드리던 장면에서 '한가지, 무리, 함께, 같다' 라는 뜻을 갖게 되었을 것이다.

* 동성(同性)/동성(同姓)/동족(同族)/동료(同僚)/동일(同一)/동고동락(同苦同樂)

갑골문

전문

흥할 흥(興)

興

마주 들 여(舁) + 한가지 동(同)

흥할 흥(興) = 흥겹게(口) 방주(凡)를 만들고(舁) 있는 모습

한가지 동(同)자가 배를 상징하는 무릇 범(凡)자와 입 구(口)자의 합자이므로 여기에 네 손(舁)을 본뜬 마주 들 여(舁)자를 추가하여 흥겹게 방주를 만들고 있는 모습으로 여겨진다. 노아의 가족들이 일심동체가 되어 즐겁게 방주를 만드는 작업을 하던 모습에서 '일, 일어나다, 흥겹다' 등의 뜻이 파생된 것으로 추정된다.

* 여흥(餘興)/흥분(興奮)/흥취(興趣)/흥망성쇠(興亡盛衰)

갑골문

○ 창세기 7장

11. 노아의 생애의 육백 년째 되는 해 둘째 달, 그 달 십칠 일, 그 날에 광대한 깊
은 물의 샘들이 모두 터지고 하늘의 수문들이 열렸다.

12. 그리고 큰비가 땅에 밤낮 사십 일 동안 계속 내렸다.

21. 그리하여 땅 위에서 움직이던 모든 육체가 숨이 끊어졌으니, 곧 날짐승과 가축
과 들짐승과 땅 위에 떼 지어 살던 모든 떼들과 온 인류이다.

22. 생명의 힘의 호흡이 그 콧구멍에서 작용하는 모든 것, 즉 마른 땅에 있는 모든
것이 죽었다.

인류사 3대 최악 사건
두 번째 - 노아의 대홍수

쏟아지는 비 - 39일째

억수같이 쏟아지는 비 - 40일째

방주 주위를 둥둥 떠다니는 시체들

○ 창세기 8장

1. 그 후에 하느님이 노아와 그와 함께 방주 안에 있는 모든 들짐승과 모든 가축을 기억하셨으며, 하느님이 땅 위로 바람이 지나가게 하시자 물이 줄어들기 시작하였다.

6. 사십 일 후에 노아는 자기가 만든 방주의 창문을 열었다.

7. 그리고 까마귀(갈까마귀)를 내보냈더니, 물이 땅에서 마를 때까지, 그 까마귀가 왔다 갔다 하면서 밖에서 날아다녔다.

8. 후에 그는 지면에서 물이 빠졌는지를 알아보려고 자기에게서 비둘기를 내보냈다.

서서히 잦아드는 빗줄기

마른 땅 높은 언덕 위에 걸터앉은 방주 – 홍수 끝나고 150일 후

창을 열고 까마귀와 비둘기 내보냄

일주일 후 두 번째로 비둘기 내보냄
금방 딴 올리브 잎을 부리에 물고 돌아옴
7일 후 세 번째로 비둘기 내보냄

○ 창세기 8장

14. 둘째 달, 그 달 이십칠 일에 땅이 다 말랐다.

15. 하느님이 이제 노아에게 말씀하셨다.

16. "너는 네 아내와 네 아들들과 네 아들들의 아내들과 함께 방주에서 나가거라."

홍수 시작 1년 10일 만에 방주 밖으로 나오는 노아의 가족과 동물들

중국 – 옛날 옛날 옛날에

잉카 – 호랑이 담배 피던 시절에

게르만 – 밤낮 40일을 하늘이 뚫려 억수같이
비가 쏟아져

흑인 – 세상이 물로 멸망했다 하더라.

〈각국의 선조들이 자손들에게 노아홍수를 이야기하는 장면〉

예 석(昔)

昔

물 수(水→艹) + 해 일(日)

예 석(昔) = 물(水)이 하늘(日)을 가리고 퍼붓던 어느 날(日)

*왜 물과 해를 합친 글자를 '옛날'을 뜻하는 글자로 삼았을까?

예 석(昔)자는 물이 흘러넘치는 모습을 본뜬 물 수(水→艹)자와 해 일(日)자를 합쳐 놓은 꼴을 하고 있다. 노아 홍수에 대한 기록을 증명해 주는 또 다른 글자로 여겨진다. 대홍수에 대한 전설은 여러 나라들에서 전해져 내려오는데, 그림글자인 한자에 그 흔적들이 꽤 남아 있다는 사실이 그저 놀라울 뿐이다. 옛날 엄청난 물(水→艹)난리를 겪었던 어느 특정한 날(日)을 지칭하기 위해 만들어진 글자가 바로 '옛날'을 뜻하는 예 석(昔)자이다. 분명 조상들로부터 전해 들은 노아의 대홍수를 토대로 이 글자를 만들었을 것이다. 이 글자를 토대로 만들어진 또 다른 글자들을 살펴보면 그렇게 추리하는 이유가 더욱 분명해진다.

* 석일(昔日)/금석지감(今昔之感)

갑골문

금문

애석할 석(惜)

惜

마음 심(忄) + 예 석(昔)

애석할 석(惜) = 홍수(昔)로 죽은 사람들을 안타까워하는 마음(忄)

'아깝고 애석하고 애처롭다'의 뜻을 갖는 아낄 석(惜)자는 대홍수(昔) 때 죽은 사람들을 생각(忄)하며 안타까워하는 모습에서 만들었을 것으로 여겨진다. 피할 수 있는 곳은 없고 물은 점점 차올라 나무에 올라가 있던 사람이나 지붕 위로 피신한 사람 등 결국 방주를 타지 못한 모든 사람들이 불어나는 물에 빠져 죽는 모습을 상상해 볼 때 얼마나 가슴이 아프고 안타까웠겠는가? 따라서 '애석하다'의 뜻을 갖는 글자로 노아의 대홍수를 떠올리면서 만든 이 글자보다 더 의미 전달이 확실한 글자는 없었을 것이다.

* 애석(哀惜)/석패(惜敗)

마음 심(忄/心)자는 심장의 모습을 본뜬 글자로 '좋아하고 · 싫어하고 · 기쁘고 · 슬프고'를 포함, 사람의 감정과 관련된 글자에는 모두 사용된다. 따라서 글자에 마음 심(忄/心)자가 보이면 모두 '사람의 감정'과 관련된 글자임을 이해하기 바란다.

빌 차(借)

借

사람 인(亻) + 예 석(昔)

빌 차(借) = 홍수(昔)를 살아남은 사람(亻)의 삶은 덤이다

빌/빌릴 차(借)자가 만들어진 과정을 추리해 보면 이 또한 매우 흥미로우며 동양적 사상이 들어 있음을 알 수 있다. 대홍수(昔) 때 살아남은 사람(亻)들은 죽은 것이나 다름없었는데 하느님이 살려주셨으므로 자신들의 삶이 마치 '덤으로 사는 삶' 즉 '신에게서 생명을 빌려서 살고 있는 것'이나 마찬가지라 생각하였기에 차(借)자에는 '빌리다, 꾸다' 등의 뜻이 들어 있는 것이다.

우리가 어린 시절(1960,70년대 이전) 환갑(還甲)이 지난 노인(?)들이 흔히 환갑 이후의 삶을 "남의 삶 즉 덤으로 산다"라고 말하곤 했었다. 이런 배경을 떠올려 보면 이 글자를 이해하는데 도움이 될 것이다.

* 차입(借入)/임차(賃借)/차관(借款)

둘/놓을/처리할 조(措)

措

손 수(扌) + 예 석(昔)

둘/놓을/처리할 조(措) = 홍수(昔) 뒤처리(扌)를 하는 모습

두다/놓다/처리할 조(措)자는 손을 뜻하는 손 수(扌)자와 대홍수를 뜻하는 예 석(昔)자를 합쳐서 만든 글자이다. 대홍수를 살아남은 사람들이 방주 밖으로 나온 다음 죽은 사람들이나 동물들을 매장하고 잔해들을 치우고(扌) 그 밖에 부지런히 홍수 뒷정리(扌)를 하였을 것이다. 부지런히 손(扌)을 놀려 홍수라는 대사건의 뒤처리를 하는 바로 그 모습을 상상하여 만든 글자가 '정리하다, 두다, 놓다, 처리하다'의 뜻을 갖는 두다/놓다/처리할 조(措)자이다.

* 조처(措處) - 제기된 문제나 일을 잘 정돈하여 처리함, 또는 그러한 방식을 이르는 말.
* 조치(措置) - 벌어지는 사태를 잘 살펴서 필요한 대책을 세워 행함, 또는 그 대책을 이르는 말.

○ 창세기 8장

6\. 사십 일 후에 노아는 자기가 만든 방주의 창문을 열었다.

7\. 그리고 까마귀(갈까마귀 =a raven)를 내보냈더니, 물이 땅에서 마를 때까지, 그 까마귀가 왔다 갔다 하면서 밖에서 날아다녔다.

A raven is a large bird with shiny black feathers and a deep harsh call.
A raven – 까마귀, 갈까마귀
까마귀과에 포함되는 생물 – 까치, 까마귀, 어치 등등
magpie [mægpaɪ] – 까치

까치 작(鵲)

鵲

예 석(昔) + 새 조(鳥)

작(鵲) = 홍수(昔) 후에 가장 먼저 방주 밖으로 나간 새(鳥)

까치 작(鵲)자는 홍수를 뜻하는 석(昔)자와 새를 뜻하는 조(鳥)자를 합쳐 만든 글자이다. 창세기 8장 7절의 기록은 노아 홍수가 끝나고 처음으로 대지가 말랐는지 여부를 확인하기 위해 방주 밖으로 내보낸 새(鳥)가 까치의 사촌인 '까마귀(烏), 또는 갈까마귀(鴉)'였음을 알려준다. 갈까마귀와 까치는 분명 다른 새이긴 하지만, 둘 다 검은색 바탕에 흰줄이 특징인 새이므로 혼동할 여지는 충분히 있다. 따라서 추리를 해 보자면 홍수(昔)가 끝나고 가장 먼저 밖으로 내보낸 새(鳥)라는 의미에서 작(鵲)자를 만들었다. 물론 그 새는 '까마귀나, 갈까마귀'였으나 착각하여 까치를 뜻하는 글자로 바뀌었을 가능성도 있는 글자이다. 또한 참고로 까치는 까마귀과에 속하는 새이며, 까마귀도 한 종류만 있는 것이 아니라 여러 종류가 있다는 사실을 생각하면 충분히 노아 홍수와 관련이 있는 글자로 볼 수 있을 것이다.

* 아(鴉) – 갈까마귀 아　　　* 오작교(烏鵲橋)

* 철새까마귀 – 노아 홍수에서 밖으로 내보낸 새로 철새까마귀가 가장 유력하다. 아무튼 까마귀의 사촌인 까치 작(鵲)자에 홍수를 뜻하는 석(昔)자가 들어 있다는 사실이 무척 인상 깊다.

○ 창세기 6장

1. 그런데 지면 위에 사람들의 수가 늘기 시작하고 그들에게 딸들이 태어나게 되자

2. 참 하느님의 아들들이 사람의 딸들을 주목하기 시작하였으니, 그들이 아리따워 보였던 것이다. 그들은 자기들을 위해 아내들을 취하였는데, 자기들이 택하는 사람을 모두 취하였다.

4. 그 날에 네피림이 땅에 있었고 그 후에도 있었으니, 그때에 참 하느님의 아들들이 사람의 딸들과 계속 관계를 가졌고 이 딸들이 그들에게 아들들을 낳았는데, 이들은 옛적의 용사들, 유명한 사람들이었다.

4. 그때 그리고 그 뒤에도 세상에는 느빌림이라는 거인족이 있었는데 그들은 하느님의 아들들과 사람의 딸들 사이에서 태어난 자들로서 옛날부터 이름난 장사들이었다. 「공동번역」

4. 그 무렵에, 그 후에도 얼마 동안, 땅 위에는 네피림이라고 하는 거인족이 있었다. 그들은 하나님의 아들들과 사람의 딸들 사이에서 태어난 자식들이었다. 그들은 옛날에 있던 용사들로서 유명한 사람들이었다. 「새번역」

섞을 착(錯)

錯

쇠 금(金) + 예 석(昔)

섞을 착(錯) = 홍수(昔)를 초래한 변태행위를 금속(金)을 섞는 일에 비유

'어긋나다/섞이다/섞다'를 뜻하는 착(錯)자는 물론 대홍수와 직접 관련이 있다고 주장하기에는 조금 무리가 따르는 글자이다. 하지만 이 글자가 들어가는 단어들을 보면 노아 홍수의 배경이 된 기록들을 염두에 두고 만들었을 것이라고 충분히 추측이 가능한 글자이다.

노아 시대에 대홍수를 내리신 직접적 원인은 땅에 악이 가득하였기 때문인데, 그렇게 된 대표적인 원인이 바로 하늘의 천사들이 인간들의 딸들을 아내로 삼아 낳은 후손인 네피림으로 알려진 용사들의 잔학성 때문이었다. 이들로 인해 인류의 생존 자체가 위협을 받자 창세기 8장 7절의 기록은 그래서 여호와께서 "내가 창조한 사람들을 지면에서 쓸어버리겠다"고 말씀하셨음을 알려 준다. 인간과 신들과의 육체적 관계에서 '동성애나 수간'과 같은 정상적이 아닌 변태행위나 행동을 가리키는 도착(倒錯)/성도착(性倒錯)이라는 단어가 생겨났을 것이다.

물론 착(錯)자는 여러 금속(金)을 섞는 일을 예 석(昔)을 발음으로 만든 글자로 알려져 있으나, 대홍수의 기록을 고려한다면 분명 이 글자 역시 노아의 대홍수 배경이 된 사건들을 토대로 만들었음을 분명 알 수 있을 것이다. 따라서 이 글자에는 '어긋나다, 섞다, 섞이다'의 뜻 외에 '어지럽히다' 등의 뜻도 들어 있으며, 흥미롭게도 금속을 섞는 일보다는 무엇인가 잘못된 행동이나 상황을 나타내는 글자로 주로 사용되고 있다.

* 착란(錯亂) - 어지럽고 어수선함.

* 도착(倒錯) - 뒤바뀌어 거꾸로 됨. 본능이나 감정 또는 덕성의 이상으로 사회나 도덕에 어그러진 행동을 나타냄.

* 성도착증(性倒錯症) - 이성(異性)보다 사물이나 동성에 대해 성적 흥미를 보이며 정상적인 성교가 아닌 다른 성적 행동이나 상상을 통해 성행위가 이루어지는 정신질환.

* 착오(錯誤) - 착각을 하여 잘못함. 또는 그런 잘못을 가리키는 말로 법률적으로 쓸 경우, 사람의 인식과 객관적 사실이 일치하지 않고 어긋나는 일을 가리킨다.

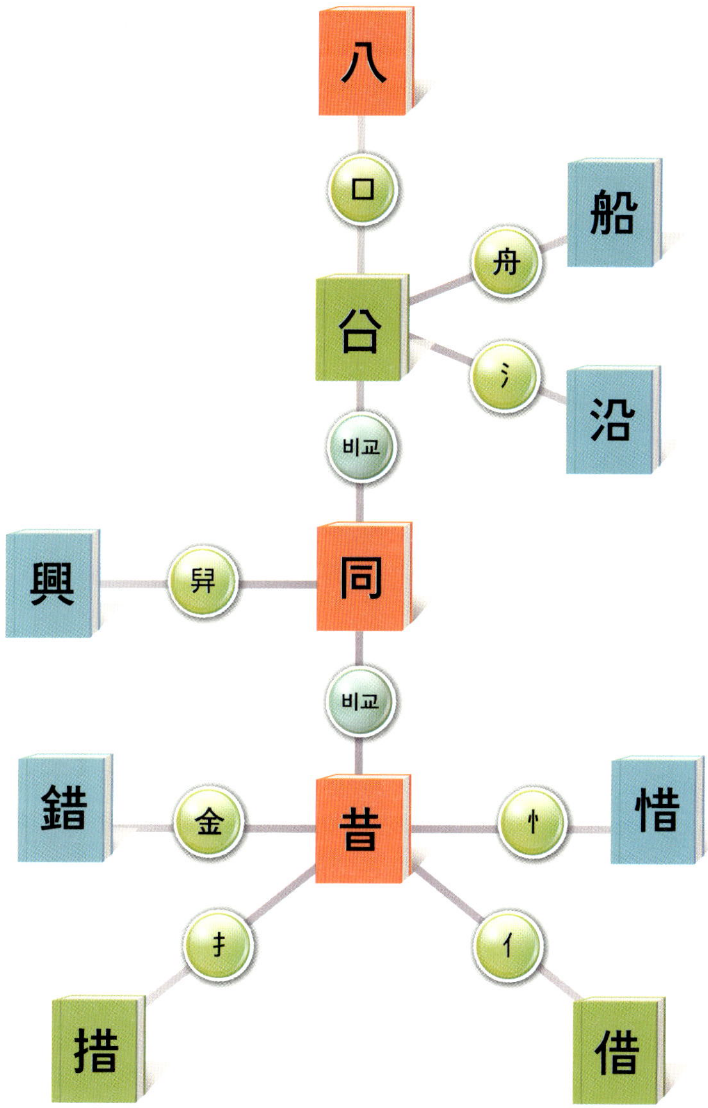

八 팔

- 연(㕣) + 입 구(口)
- 선(船) + 배 주(舟)
- 연(沿) + 물 수(氵)

同 동

- 흥(興) + 마주 들 여(舁)

昔 석

- 석(惜) + 마음 심(忄)
- 차(借) + 사람 인(亻)
- 조(措) + 손 수(扌)
- 착(錯) + 쇠 금(金)

6장 홍수가 끝나고 방주에서 나오다

제(祭)자는 있을 유(有)자와 제단 시(示)자를 합쳐서 만든 글자이다.

따라서 이 글자는 손(ナ=又)에 든 고기(月=肉)를 희생 제물로

제단(示) 위로 올려놓으며 제사를 지내는 모습

제 6 장 홍수가 끝나고 방주에서 나오다

방주 밖에 제단을 쌓고 있는 노아

짐승과 새들을 잡아

제단에서 불살라 번제물로 바침

그 향기를 흠향하시는 하느님

○ 창세기 8장

18. 노아가 그의 아들들과 그의 아내와 그의 아들들의 아내들과 함께 나갔다.

19. 모든 생물, 모든 길짐승과 모든 날짐승, 땅에서 움직이는 모든 것이 그 종족
대로 방주에서 나갔다.

20. 노아는 여호와를 위하여 제단을 쌓고 모든 깨끗한 짐승과 모든 깨끗한 날짐
승 중 일부를 골라 제단에서 번제물로 바치기 시작하였다.

있을 유(有)

有

손(ナ=又) + 고기 육(月=肉)

있을 유(有) = 제단에 올릴 고기(月)를 들고 있는 손(ナ)

손(ナ=又)에 고기(月→肉)를 들고 있는 모습을 본뜬 글자가 있을 유(有)자이다. 직접적으로 노아 홍수 후 제단에서 번제물을 바치던 행위에서 따온 글자라고 말하기는 어려우나 적어도 홍수 후 가장 먼저 한 일 중에 하나가 바로 하느님을 위한 제단을 쌓고 제물을 바치는 제사 행위였다. 따라서 손에 고기를 들고 있는 모습 즉 제물을 들고 있는 모습을 본떠서 만든 글자가 유(有)자이며, 이런 배경에서 '있다, 가지다'의 뜻이 파생되었다. 이 글자가 제사와 관련된 글자임은 제사 제(祭)자를 보면 쉽게 이해가 갈 것이다.

* 유무(有無)/소유(所有)

* 손(ナ=又)

갑골문

전문

용서할 유(宥)

宥

집 면(宀) + 있을 유(有)

유(宥) = 죄를 용서받기 위해 사당(宀)에서 제사(有)를 지냄

사당(宀)에서 신에게 고기(有)를 바치며 제사를 지내는 여러 이유 중 하나는 신의 너그러움에 호소하여 자신의 죄를 용서해 줄 것을 요청하기 위함이므로 당연히 사당(宀)에 있는 제단 위에 고기를 올려놓고(有) 제사를 지내는 모습을 본뜬 글자인 유(宥)자에 '너그럽다, 용서하다, 너그럽고 어질다' 등의 뜻이 파생된 것은 이치적이라 생각한다.

* 집 면(宀)자는 지붕을 본뜬 글자로 '집'을 의미한다. 따라서 이 글자를 집과 연관이 있는 '사당'으로 해석하였다.

* 유면(宥免) – 잘못을 용서하고 풀어줌을 이르는 말.

뇌물/선물 회(賄)

賄

조개 패(貝) + 있을 유(有)

회(賄) = 신의 환심을 사기 위해 제물(有)과 재물(貝)을 바침

있을 유(有)자는 신에게 바칠 제물인 고기를 들고 있는 모습이고, 조개 패(貝)자는 '돈'을 상징하는 글자이다. 그러므로 증회(贈賄)의 회(賄)자는 신의 환심을 사기 위해 제물(有=月=肉)과 돈(貝)을 바치는 장면임을 쉽게 연상할 수 있다. 여기에서 높은 사람이나 관가에 뇌물인 돈(貝)을 바쳐(有), 즉 편법을 사용하여 소기의 목적을 달성하려는 뜻으로 의미가 확대되었기 때문에 이 글자는 '뇌물, 뇌물을 주다, 선물, 재물' 등의 뜻이 붙게 된 것이다.

* 증회(贈賄) - 뇌물을 줌.

* 증(贈) - 보내다, 선물, 보태다.

성할 욱(郁)

郁

있을 유(有) + 고을 읍(⻏)

성할 욱(郁) = 제사(有)를 지내는 마을(邑 = ⻏)

있을 유(有)자는 제사용 고기를 손(𠂇=又)에 들고 있는 모습을 본뜬 글자이고, 언덕 부(⻏)자가 글자의 오른편에 위치하면 마을(邑=⻏)의 뜻을 갖게 된다. 이처럼 두 글자의 배경을 검토해 보면 욱복(郁馥)의 성할/무성할 욱(郁)자는 신에게 제사를 지내는 마을, 제사를 담당했던 마을로 해석이 가능하다. 따라서 제물을 바칠 때 연기가 제단과 마을 주변을 가득 채웠을 것이며 당연히 제사 후 신의 축복이 마을을 감싸는 모습에서 '성하다, 무성하다, 우거지다, 향기롭다, 그윽하다' 등의 뜻이 생겨났음을 쉽게 이해할 수 있다.

* 번제(燔祭) - 짐승을 태워 제물로 바치는 제사를 의미한다. 따라서 신에게 번제물을 바치기 위해 짐승을 불사를 때 나오는 연기로 인해 성전이나 제단 주위가 연기로 자욱했음을 충분히 짐작할 수 있다.

* 욱복(郁馥) - 향기가 매우 짙음.

* 복(馥) - 향기, 향기가 나다, 향기롭다.

○ 창세기 8장

20. 노아는 여호와를 위하여 제단을 쌓고 모든 깨끗한 짐승과 모든 깨끗한 날짐
승 중 일부를 골라 제단에서 번제물로 바치기 시작하였다.

○ 창세기 4장

3. 세월이 지난 후에 카인은 땅의 소산으로 제물(祭物)을 삼아 여호와께 드렸고

4. 아벨은 자기도 양의 첫 새끼와 그 기름으로 드렸더니

제단 시(示)

示

제물을 제단 위에 올려놓은 모습

금할 금(禁) = 생명나무와 선악과(林)를 따먹지 말라함(示)

제단 위에 제물이 놓여진 모습을 본뜬 글자이다. 따라서 '제단'이 기본 뜻이나 제단이란 신에게 제사를 지낼 때 필요한 도구이므로 '신, 하느님, 귀신' 등의 뜻도 가지게 되었다. 또한 인간이 바친 제물에 대한 보답으로 뭔가 계시 등을 보여주었다 하여 '보이다'의 뜻으로도 널리 사용된다. 아무튼 이 글자는 제단을 본뜬 글자로 '제단, 신, 하느님, 귀신, 보이다' 등의 뜻이 있음에 유의하자.

* 제사에 대한 언급은 창세기 4장에서 카인과 아벨이 하느님께 제물을 바치던 기록에서 알 수 있듯이 인류 역사 초기부터 존재하던 풍습임을 알 수 있다.

  많은 사람들이 특히 기독교인들이 제사(祭祀)에 대하여 부정적인 생각을 가지고 있을지 모르나, 올바른 방법으로 올바른 대상에게 행해진 제사는 모든 형태의 제사를 금할 때까지는 적어도 하느님께 받아들여지는 행위였음을 카인과 아벨의 경우나 노아의 경우에서도 알 수 있다.

* 시사(示唆)/계시(啓示)/시범(示範)

갑골문

전문

제사 제(祭)

祭

있을 유(有) + 제단 시(示)

제사 제(祭) = 제단(示)에 제물(有)을 올려놓은 모습

제사 제(祭)자는 있을 유(有)자와 제단 시(示)자를 합쳐서 만든 글자이다. 따라서 이 글자는 손(𠂇=又)에 든 고기(月=肉)를 희생 제물로 제단(示) 위에 올려놓으며 제사를 지내는 모습이므로 '제사, 제사를 지내다'라는 뜻이 파생되었다.

* 갑골문의 그림은 이 글자가 피가 뚝뚝 흐르는 희생 제물을 그릇에 담는 모습으로 보인다.
* 제사(祭祀)/축제(祝祭)/번제(燔祭)

손 = 又 = ⺕ = 𠂇

* 글자의 모양은 다르지만 다 손을 나타내는 글자로 갑골문의 그림은 동일하다.

갑골문

금문

사이/사귈 제(際)

際

제사 제(祭) + 언덕 부(阝)

제(際) – 제사(祭)란 신과 인간 사이의 담(阝)을 허물어 신과 가까워지고자 하는 의식이다

첫 조상의 반역으로 인간과 하느님의 사이가 멀어지게 되었다. 그러나 아담의 장남이자 차남으로 추정되는 카인과 아벨이 각각 하느님에게 제물을 가져온 기록이 창세기 4장 3, 4절에 언급되며, 창세기 8장 20절에는 노아 홍수가 끝나고 노아의 가족이 가장 먼저 한 일도 하느님을 위해 제단을 쌓고 번제물을 바치기 시작한 일이었음을 알려 준다. 따라서 제사의 풍습은 인류 초기로 거슬러 올라감을 알 수 있으며, 이렇게 인간들이 제사(祭)를 지내기 시작한 것은 아담이 선악과를 따먹어 하느님께 죄를 지었기 때문에 멀어진 하느님과의 관계를 회복하기 위해 즉 신과 인간 사이를 막고 있는 담(阝)을 헐어 서로의 간격을 좁혀보자는 것이었으므로 제사 제(祭)자에 쌍방을 격리시키는 담에 해당하는 언덕 부(阝)자를 넣어 '사이, 사귀다' 등의 뜻을 파생시켰다. 또한 사귄다는 것은 끝과 끝이 만나는 것이므로 제(際)자에는 '가, 즈음' 등의 뜻도 생겨났다.

* 교제(交際)/국제(國際)/무제(無際)/일망무제(一望無際)

살필 찰(察)

察

집 면(宀) + 제사 제(祭)

살필 찰(察) = 사당(宀)에서 제사상(祭)을 자세히 살펴봄

살필 찰(察)자는 신이 흔쾌히 제물을 받아들이도록 하기 위해 사당(宀)이나 종가집(宀)에 차려진 제사상(祭)을 제관이나 집안의 어른들이 꼼꼼하게 살펴보는 모습을 본뜬 글자이다. 동양의 예절 중에 가장 복잡하고 까다로운 것이 제사와 관련된 제례(祭禮) 의식이다. 제사상에 올라갈 음식의 종류나 상태 그리고 놓을 자리까지 규정되어 있을 정도로 까다로운 예법이었다. 이처럼 제사상이 제대로 차려졌는지 살펴보는 모습에서 '**살피다, 알다, 조사하다**' 등의 뜻이 파생되었다.

* 관찰(觀察)/시찰(視察)/사찰(伺察)

* 집 면(宀)자는 집의 구조물 중 가장 윗부분인 지붕을 본뜬 글자로 주로 '집'의 뜻을 갖는 글자이나, 제사를 지내는 집이란 주로 사당이나 종가집이므로 여기서 면(宀)자를 '사당 또는 종가집'으로 해석하였다.

비빌 찰(擦)

擦

살필 찰(察) + 손 수(扌)

제사(察) 준비가 완료되면 신의 '용서나 축복'을 구하기 위해 손(扌)이 발이 되도록 빌면서 제사를 지낸다

제사상이 제대로 차려졌는지 살피는 모습을 본뜬 글자가 살필 찰(察)자이다. 여기에 손 수(扌)자를 더한 글자가 비빌 찰(擦)자인데 제사 준비가 제대로 되었는지 살펴(察)본 다음 제사상(察) 앞에 온 가족이 모여 앉아 신이나 조상에게 소원을 말하면서 손(扌)이 발이 되도록 싹싹 비는 모습에서 '문지르다, 비비다' 등의 뜻이 파생되었다.

* 마찰(摩擦)/찰과상(擦過傷)

* 손이 발이 되도록 빌다 – 허물이나 잘못을 용서하여 달라고 몹시 애원하다의 의미.

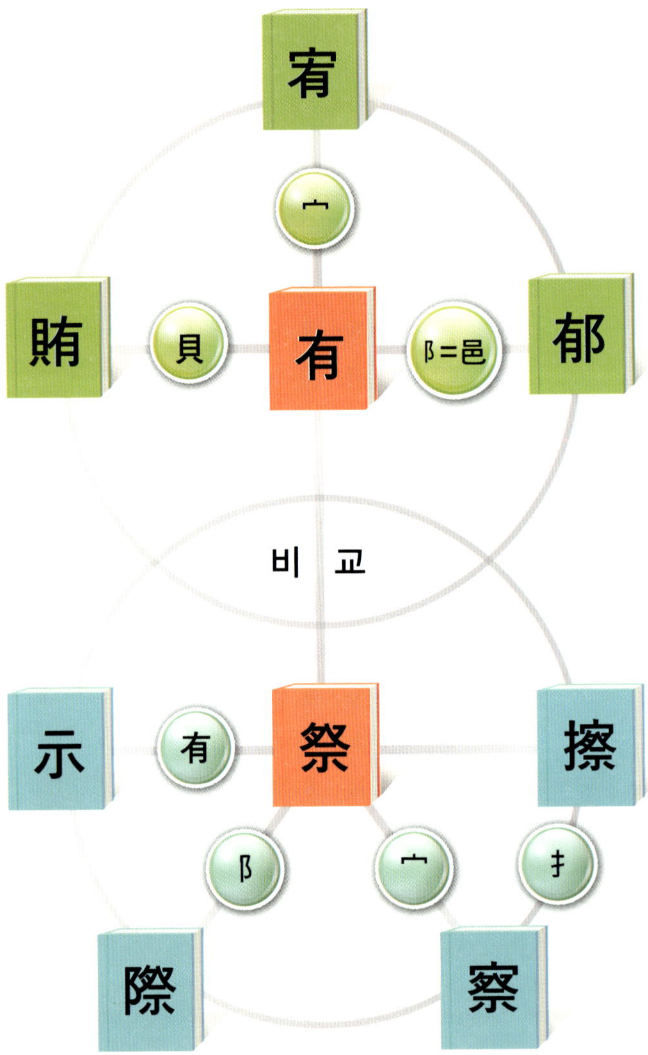

有 유

유(宥)	+	집 면(宀)
회(賄)	+	조개 패(貝)
욱(郁)	+	고을 읍(阝 =邑)

示 시

제(祭)	+	있을 유(有)
제(際)	+	언덕 부(阝)
찰(察)	+	집 면(宀)
찰(擦)	+	손 수(扌)

인류사 3대 최악 사건

세 번째 – 바벨탑 건축으로 언어가 혼잡해짐

탑(塔)을 세우기 위해 필요한 자재는 벽돌이었다.

흙(土)과 짚(艹)을 합쳐서(合) 만든 벽돌로

바벨탑을 건축하였음을 알려 주는 글자

바 벨 탑

역사학자 요세푸스는 이렇게 기록하였다. "니므롯은 사람들이 하느님에 대한 두려움을 떨쳐 버리게 만들 수 있는 유일한 길은 사람들이 계속 자기의 세력에 의존하게 만드는 것이라고 생각하고 상황을 차츰차츰 전제 정치 쪽으로 바꾸어 나갔다. 그는 하느님께서 다시 땅을 홍수에 잠기게 하려 하실 경우 복수를 하겠다고 위협하였다. 그는 물이 미칠 수 없을 정도로 탑을 높이 쌓아서 조상들의 멸망에 대해 복수하려 하였다. 사람들은 하느님께 순종하는 것은 노예살이나 마찬가지라고 생각하고 니므롯의 이 충고에 열심히 따랐으며 그래서 그들은 탑 건축에 착수했고...... 그 탑은 그 누구의 예상도 뛰어넘는 빠른 속도록 건축되어 올라갔다." –「유대 고대사」(Jewish Antiquities), I, 114, 115 (iv, 2, 3).

랍비의 저술물들에 의하면 니므롯이라는 이름은 '반역하다'를 의미하는 히브리어 동사 마라드에서 유래했다고 한다. 따라서 「바빌로니아 탈무드」(에루빈 53a)는 이렇게 기술한다. "그러면 그가 니므롯이라고 불린 이유는 무엇인가 그가 온 세상을 선동하여 그분[하느님]의 주권에 반역(힘리드)하게 했기 때문이다." —「성서 해석 백과사전」(Encyclopedia of Biblical Interpretation), 메나헴M. 카셔, 2권, 1955년, 79면.

하느님의 목적은 인류가 지구 전체를 낙원으로 바꿔 모든 생물을 다스리며 사는 것이었다. 첫 인간의 반역으로 하느님의 의도가 조금 틀어지게 되었으며, 노아 홍수 후 노아의 증손인 니므롯을 주축으로 일단의 사람들이 도시를 건설하고 바벨탑을 쌓으려는 시도를 하게 되는데 이것 역시 '온 지구상에 인간들이 퍼져 살기를 바라셨던' 하느님의 의도를 정면으로 부정하는 반역 행위였기에 하느님이 개입하셔서 탑 건축을 멈추게 하기 위해 '언어를 혼잡케 하신 것이다.'

이 일로 인해 탑 건축은 수포로 돌아갔을 뿐 아니라 서로 언어 소통이 되지 않게 되자 서로의 언어가 통하는 사람끼리 뿔뿔이 전 세계로 흩어지게 되었다. 그리하여 인류와 언어가 마침내 온 지구상을 덮게 되었으며 바벨은 '혼잡'이라는 의미를 갖게 되었다.

제 7 장

인류사 3대 최악 사건
세 번째 - 바벨탑 건축으로 언어가 혼잡해짐

○ 창세기 11장

1. 온 땅의 구음(口音)이 하나이요, 언어(言語)가 하나이었더라.

합 합(合)

合

모을 집(亼) + 입 구(口)

합할 합(合) = 말(口)이 통하는 사람끼리 모이다(亼)

합/합할 합(合)자는 밥그릇(口)과 뚜껑(亼)이 딱 들어맞아 일치된 모습에서 만들어졌다고 보는 것이 일반적 견해이나, 입 구(口)자를 밥그릇으로 보지 않을 경우 그 해석은 완전히 달라진다. 물론 옛 글자를 보고 아래의 사실을 입증하기는 어렵지만 합(合)자를 하느님이 인간의 언어를 혼란케 한 상황을 본뜬 글자로 본다면 다음의 해석이 가능하다. 즉 삼합 집(亼)자는 '모으다, 모이다'의 뜻을 갖는 글자이다. 따라서 이 글자는 언어(口)가 통하는 사람끼리 모이거나 모았다(亼)는 의미에서 '합하다 하나가 되다' 등의 뜻이 생겨났으며 훗날 짝이 딱 들어맞는 모습에서 '들어맞다, 일치하다, 전체' 등의 뜻으로 의미가 파생되어 나갔을 것이다.
그러므로 이 합(合)자가 한언어를 사용하던 사람들의 집합체 또는 언어가 혼잡케 된 이후 말이 통하는 사람끼리 모인 모습을 나타내는 글자였다면, '바벨탑 건축'으로 의사소통에 문제가 생겼을 때 '말하다와 관련 있는 입 구(口)자'의 형태가 이렇게(口→ㄱ) 바뀌어 이제 금(今)자가 탄생한 배경을 이해하는 데도 도움이 될 것이다.

* 삼합 – 세 가지를 합함.

* 합일(合一)/합계(合計)/종합(綜合)/규합(糾合)/합산(合算)

갑골문

금문

세 번째 – 바벨탑 건축으로 언어가 혼잡해짐

용사인 니므롯이 사람들에게 연설

흙과 벽돌을 섞어 벽돌을 만드는 사람들

탑 공사 현장으로 벽돌을 나르는 모습

인류사 3대 최악 사건

세 번째 – 바벨탑 건축으로 언어가 혼잡해짐

하늘에서 공사 현장을 내려다보고 계신 하느님과 천사들

○ 창세기 11장

2. 그런데 사람들이 동쪽으로 가다가 마침내 시날 땅에서 골짜기 평야를 발견하고, 그곳에 자리를 잡고 살게 되었다.

3. 그들은 서로 말하기 시작하였다. "자! 우리가 벽돌을 만들고 굽는 과정에 따라 그것들을 굽자." 그래서 그들에게는 벽돌이 돌 구실을 하고, 역청이 모르타르 구실을 하였다.

4. 이제 그들이 말하였다. "자! 우리를 위하여 도시와 또 하늘에 그 꼭대기가 닿는 탑을 세우자. 우리의 이름을 떨치자. 그리하여 우리가 온 지면에 흩어지지 않게 하자."

탑 탑(塔)

塔

흙 토(土) + 풀 초(艹) + 합 합(合)

흙(土)과 볏짚(艹)을 합쳐서(合) 만든 벽돌로 탑을 쌓아올림

탑(塔)을 세우기 위해 필요한 자재는 벽돌이었다. 흙(土) 과 짚(艹)을 합쳐서(合) 만든 벽돌로 바벨탑을 건축하였음을 알려 주는 글자이다.

물론 합 합(合)자가 우리의 조상들이 한언어를 사용했다는 분명한 증거라고는 할 수 없지만, 이 합 합(合)자가 탑 탑(塔)자에 사용되고 있다는 사실에 주목해 볼 필요가 있다. 물론 여기서 합 합(合)자는 발음기호도 겸하고 있지만, 반드시 흙과 풀을 합쳐야만 벽돌이 만들어졌기 때문에 '합치다'의 뜻으로만 합(合)자가 들어간 것이라고 생각하지 말자. 한(一)언어(口)를 사용했던 한 민족의 집단(亼)이 탑을 쌓으려고 했을 때 언어가 같아서 이 공사가 순조롭게 진행된다고 생각하신 하느님이 언어를 혼잡케 하자 공사가 중단되었음을 알려 주는 이제 금(今)자를 연관시켜보면 합(合)자가 단순히 발음기호나 합치다의 뜻 때문에만 들어간 것이 아니라 한언어를 사용한 것과 합(合)자가 관련이 있어서 중국의 선조들이 탑(塔)자를 만들 때 넣었을 것이라고도 충분히 추측이 가능하다.

공사를 중단시킬 방법을 논의

제 7 장 인류사 3대 최악 사건
세 번째 – 바벨탑 건축으로 언어가 혼잡해짐

언어의 혼잡으로 공사장이 엉망

○ 창세기 11장

5. 그러자 여호와께서는 사람의 아들들이 세운 도시와 탑을 보려고 내려가셨다.

6. 그 후에 여호와께서 말씀하셨다. "보아라! 그들이 한 백성이고 그들 모두에게
언어가 하나이므로, 그들이 이런 일을 하기 시작하는구나. 그러니 이제는 그
들이 하려고 생각하면 자기들을 위하여 이루지 못할 일이 아무것도 없겠다.

7. 자! 우리가 내려가서 거기서 그들의 언어를 혼란시켜 그들이 서로의 언어를
알아듣지 못하게 하자."

8. 그리하여 여호와께서 그들을 거기서부터 온 지면으로 흩으시자, 그들이 마침
내 도시 세우기를 그만두었다.

9. 그래서 그 이름이 바벨이라 불렸는데, 거기서 여호와께서 온 땅의 언어를 혼
란시키셨기 때문이다. 여호와께서 그들을 거기서부터 온 지면으로 흩으셨다.

이제 금(今)

삼합 집(亼) + 한 일(一 → ㄱ)

말(一 → ㄱ)이 통하는 사람끼리 모여(亼) 행동하기 시작함

갑골문은 '모으다, 모이다, 한곳으로, 모두' 등의 뜻이 있는 삼합 집(亼)자와 한 일(一)자로 글자가 이루어졌음을 알려 준다. 금(今)자와 관련된 갑골문의 그림은 많은 설이 있으나 모두 증명하기 어렵고 흥미 있는 해설 중 하나는, 모든(亼) 인류는 바벨탑 건축 이전까지 한(一)언어(口)를 사용했고 서로 함께 모여(亼) 살았으나 바벨탑의 건축으로 언어가 혼잡케 되었다는 성경 창세기 기록을 바탕으로 한 것이다. 그 기점이 인류사에 커다란 전환점이 되었기에 지금(只今)의 이제 금(今)자가 되었다는 설이다. 금문의 그림은 하나를 뜻하거나 전체를 뜻하는 일(一)자가 구부러져(ㄱ) 있음을 볼 수 있다. 이것은 '말하다'의 뜻이 있는 혀가 입 밖으로 나온 혹은 말하기 위해 혀를 놀리는 모습을 본뜬 왈(曰)자의 갑골문이나 금문을 참고해 보면 이제 금(今)자 역시 '말과 관련이 있는 글자'임을 알 수 있다. 따라서 언어가 혼잡케 되고 서로 말이 통하는 사람끼리 행동하기 시작한 시점은 인류사에 가장 큰 전환점이 된 시기였을 것이다. 따라서 '이제, 지금' 등의 뜻이 파생된 것으로 추정한다.

*성서 창세기에는 노아의 증손인 니므롯이 "지구상에 흩어져 살라"는 하느님의 뜻을 무시하고 "흩어짐을 면하자며" 사람들을 선동하여 바벨탑을 건축한다는 기록이 들어 있다. 여기서 하느님은 건축 공사를 중단시키기 위해 언어를 혼잡게 하는 방법을 사용하였다. 그때 이후 인류는 서로 다른 언어를 사용하게 된 것으로 여겨진다. 따라서 바벨탑의 바벨은 '혼잡'이라는 뜻을 가지게 되었다.

머금을 함(含)

含

이제 금(今) + 입 구(口)

머금을 함(含) = 입(口) 안에서만 맴도는 말(今)

함(含)자는 바벨탑 건축 도중에 신의 개입으로 언어(口)가 혼잡(今)케 되자 공사를 하던 사람들의 답답한 상황을 엿보게 해 주는 글자이다. 조금 전까지 벽돌을 건네주고 필요한 건축 자재를 나르며 함께 공사를 하던 사람들이 갑자기 언어가 혼잡해지자 서로가 말을 하고는 있지만 도무지 상대편의 말을 알아듣지 못하자 사람들이 생각할 때 마치 말이 입(口) 안에서만 맴돌고, 입 속에서만 우물우물대는 것 같고 그리하여 상대방이 분명하게 발음을 하지 않는 모습으로 여겼을 것이다. 이러한 모습을 연상하고 함(含)자를 만들었으므로 이 함(含)자는 '머금다, 품다, 싸다' 등의 뜻을 갖게 되었다.

* 함구(含垢) – 욕된 일을 참고 견딤. 욕되는 일에 견디어 포용(包容)하는 도량(度量)이 있음.
* 포함(包含)/ 함축(含蓄)

신음할 음(吟)

吟

입 구(口) + 이제 금(今)

신음할 음(吟) = 말이 통하지 않자(今) 공포에 질려 탄식 소리(口)만 흘러나오다

갑자기 언어가 혼잡해지자(今) 신의 분노를 감지한 일꾼들이 혼란에 빠지면서 두려움에 한숨(口)과 탄식 소리(今)만 울려 퍼지는 상황을 연상해 보기 바란다. 이처럼 절박하고 두려운 상황에 처하게 되면 사람들은 '탄식하고, 신음할 것이다.' 따라서 신음할 음(吟)자에 '탄식하다, 신음하다, 읊다, 끙끙 앓다' 등의 뜻이 들어가게 되었다.

* 신음(呻吟) - 앓는 소리를 냄. 또는 그 소리를 가리켜며 고통이나 괴로움으로 고생하며 허덕임을 뜻하는 말.

생각할 념(念)

念

이제 금(今) + 마음 심(心)

언어가 혼잡(今)해지자 깊은 생각(心)에 빠진 사람들

신의 노여움으로 언어가 혼잡(合→今)해지자 창세기 1장 28절에 나오는 '생육하고 번성하여 땅을 가득 채우고 땅을 정복하여라'라는 신의 명령을 무시하고 흩어짐을 면하기 위해 도시와 하늘 꼭대기에 닿는 탑을 세우려고 했던 자신들의 불충스러운 행동을 돌아보며 복잡해진 심경(心)을 떠올리며 만든 글자가 바로 '생각, 생각하다, 기억하다'의 뜻을 갖는 념/염(念)자로 여겨진다. 언어가 갑자기 혼잡(今)해지자 탑 공사가 중단됨은 물론 공사장의 인부들도 얼마나 혼란스럽고 두려웠겠는가? 이것은 분명 신의 천벌이라고 생각하였을지도 모른다. 따라서 깊은 생각이나 침묵에 빠진 공사 현장의 인부들을 상상해 보면 이 글자(念)가 '생각'과 관련된 글자가 되었다는 사실이 무척 흥미로울 것이다.

* 염려(念慮)/기념(記念)/염두(念頭)/관념(觀念)

탐할 탐(貪)

貪

이제 금(今) + 조개 패(貝)

탐할 탐(貪) = 언어의 혼잡(今)은 탐욕(貝)의 대가

흩어짐을 면하기 위해 탑을 건축한 일로 언어가 혼잡케(今) 된 사건은 인간의 탐욕을 집단적으로 드러낸 일대 대사건이었다. 지금은 도시화로 인해 거의 대부분의 사람들이 도시에 몰려 살고 있지만 그로 인해 도시들은 많은 문제점들을 안고 있다. 처음부터 흩어져 살기를 바라셨던 하느님의 의도에서 보면 한 곳에 뭉쳐 살려는 인간들의 시도는 몇몇 지도자들의 탐욕에 지나지 않다는 것을 쉽게 이해케 해 준다. 따라서 이제 금(今)자에 탐욕의 구체적 대상인 돈(貝)을 더하여 만든 글자가 '탐하다, 바라다, 자초하다' 등의 뜻을 갖는 탐할 탐(貪)자이다.

* 탐욕(貪慾)/탐심(貪心)/식탐(食貪)/탐관오리(貪官汚吏)

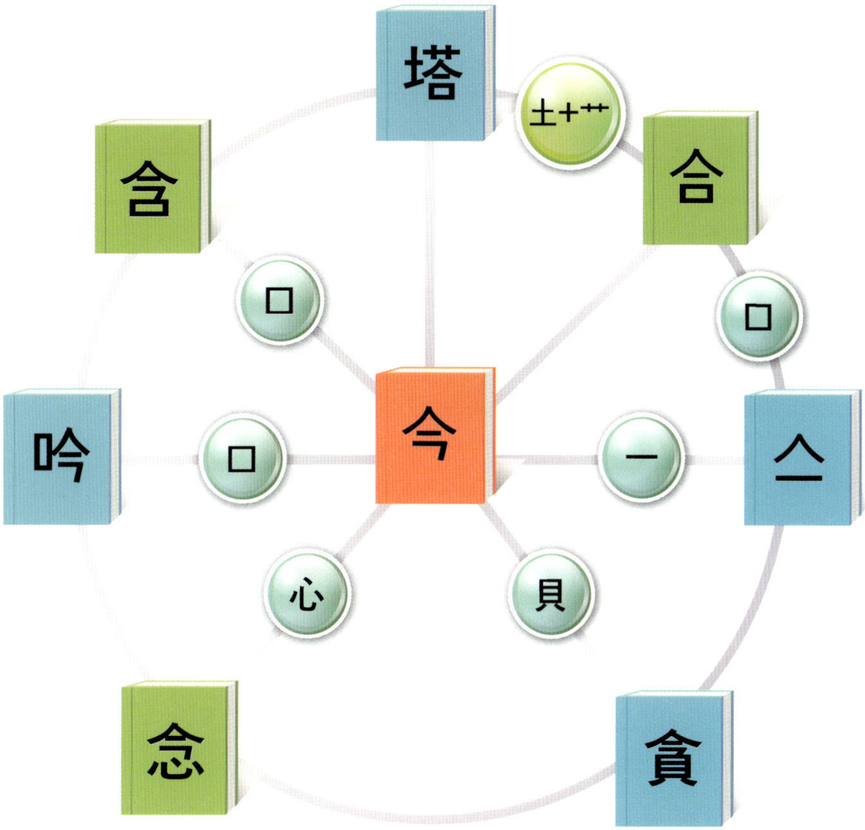

亼 집

합(合)	+	입 구(口)
탑(塔)	+	흙 토(土) + 풀 초(艹)
금(今)	+	한 일(一)

今 금

함(含)	+	입 구(口)
음(吟)	+	입 구(口)
념(念)	+	마음 심(心)
탐(貪)	+	조개 패(貝)

○ 창세기 11장

5. 그러자 여호와께서는 사람의 아들들이 세운 도시와 탑을 보려고 내려가셨다.

6. 그 후에 여호와께서 말씀하셨다. "보아라! 그들이 한 백성이고 그들 모두에게 언어가 하나이므로, 그들이 이런 일을 하기 시작하는구나. 그러니 이제는 그들이 하려고 생각하면 자기들을 위하여 이루지 못할 일이 아무것도 없겠다.

7. 자! 우리가 내려가서 거기서 그들의 언어를 혼란시켜 그들이 서로의 언어를 알아듣지 못하게 하자."

8. 그리하여 여호와께서 그들을 거기서부터 온 지면으로 흩으시자, 그들이 마침내 도시 세우기를 그만두었다.

9. 그래서 그 이름이 바벨이라 불렸는데, 거기서 여호와께서 온 땅의 언어를 혼란시키셨기 때문이다. 여호와께서 그들을 거기서부터 온 지면으로 흩으셨다.

탑 공사를 중단하고 아프리카, 유럽, 아시아로 흩어지는 민족들

● 언어와 민족이 바벨에서 시작했을 가능성을 알려 주는 내용

역사가들은 문명과 언어의 발상지로 '메소포타미아' 평야를 오래간 지적해 왔다. 사실, 이것은 성서에 기록된 내용과 완전히 일치한다. 창세기 11장에서는 '메소포타미아'의 '시날' 땅에서 있었던 한 사건을 설명하는데, 그것은 우리가 조사하는데 필요한 실마리를 제공해 준다. "온 땅의 구음이 하나이요 언어가 하나이었더라"라고 창세기 11 : 1은 말한다. 그러나 사람들은 이 연합을 오용하여 그들에 대한 하느님의 목적에 도전하였다. "또 말하되 자, 성과 대를 쌓아 대 꼭대기를 하늘에 닿게 하여 우리 이름을 내고 온 지면에 흩어짐을 면하자 하였더[라.]"—창세 11 : 4.

물론, 그 탑은 악명높은 '바벨'탑이었다. 따라서, 하느님께서는 '메소포타미아'의 '시날' 땅에서 인간의 언어를 혼잡케 하셨다. "그러므로 그 이름을 '바벨'이라 하니 이는 여호와께서 거기서 온 땅의 언어를 혼잡케 하셨음이라. 여호와께서 거기서 그들을 온 지면에 흩으셨더라."—창세 11 : 9.

물론, 과학계에서는 성서의 이 기록을 쉽사리 받아들이지 않는다. 오래 전 한 잡지(샘터)에서 인도 대사관에 근무하는 직원의 딸이 쓴 '한국어를 배우게 된 계기'라는 글을 읽은 적이 있었다. 그 아가씨가 한국에 처음 왔을 때는 한국이 작은 나라이기 때문에 한국어에 전혀 흥미를 갖지 않다가 우연찮게도 자기가 알고 있는 인도 어느 부족의 말 즉 몇몇 단어(엄마, 아빠, 달, 태양)들이 한국어와 발음도 의미도 똑같음에 놀라 한국어를 배우게 되었다는 내용의 글이었다.

일본의 오끼나와에 가면 한국어와 똑같은 발음과 의미의 단어들이 일부 있는 것으로 안다. 이처럼 지리적으로 상당히 먼 지역과 나라들의 언어가 그리고 인종들이 유사하다는 사실은 즉 같은 계통의 언어가 있고 생김새가 비슷한 인종들이 있는 것을 보면 분명 언어와 민족이 퍼진 지역 즉 인류와 언어가 퍼진 시발점이 있다는 생각을 하게 만들지 않을 수 없다. 바벨탑이 세워진 그곳이 '혼란, 혼잡'을 뜻하는 바벨이라고 불리게 된 것이 참으로 흥미롭지 않은가?

총 평 갑골문은 역사적 고고학적 가치가 있는 유물이다

1. 창조 기록

첫 조상인 아담과 하와의 창조 사건

2. 선악과 따먹은 사건

금지된 선악과를 따먹은 조상들이 낙원에서 추방된 사건

3. 노아 홍수

화신한 천사들의 후손인 네피림으로 인해 땅에 악이 가득차 인류를 물로 멸망시킨 사건

4. 바벨탑 건축 사건

흩어짐을 면하기 위해 바벨탑을 쌓으려는 시도가 언어의 혼잡으로 좌절된 사건

위의 4가지 사건만큼 사람들의 뇌리에 감명을 준 사건도 없었을 것이다.
따라서 그림글자를 만드는데 있어서 이보다 좋은 재료가 또 어디 있었겠는가?
그러므로 한자에, 즉 갑골문에 그 흔적이 남아 있다는 사실은
창세기의 기록이 단순한 신화나 소설이 아닌 역사적 사실에 바탕을 둔 기록물임을 알려 주며,
갑골문이 그 점을 뒷받침해 주고 있음을 또한 알 수 있다.
우리는 과거의 유물들이나 기록물만 고고학적 가치가 있다고 여겨 왔을지 모르나,
어쩌면 갑골문 하나하나가 유적이요, 유물일지도 모른다는 생각이 든다.
왜 일찍이 아무도 이런 발상을 해 보지 않았는지 필자는 너무도 그 점이 궁금하다.
더 많은 학자들의 연구 노력이 더해진다면 나의 이 황당한(?) 주장이 분명히 일리가 있는
사실로 바뀔 것이다.

부록 ①

성서에 근거한 한자들을 더 잘 이해하게 해 주는 글자들

○ 창세기 6 : 13

13. 하느님이 노아에게 이르시되 모든 혈육 있는 자의 강포가 땅에 가득하므로... 내가 그들을 땅과 함께 멸하리라.

○ 창세기 7 : 4

4. 지금부터 7일이면 내가 40주야를 땅에 비를 내려 나의 지은 모든 생물을 지면에서 쓸어버리리라.

귀신/하느님 신(神)

神

보일/제단 시(示) + 거듭/펼 신(申)

번갯불(申)을 신의 노하심이 나타난(示) 것으로 여김

* 왜 이들은 번개와 제단을 합친 글자를 '신, 하느님'의 뜻을 갖는 글자로 만들었을까?

신(申)자는 번갯불이 사방팔방 퍼지는 모습을 본뜬 글자이고, **시(示)**자는 제단의 모습을 본뜬 글자이다. 성경의 기록에 따르면 카인과 아벨 시대부터 하느님에게 제물을 드렸다는 기록이 나오며 노아 홍수 후 방주를 나선 노아의 가족들이 처음으로 한 행동이 하느님께 제사를 드리는 의식이었다. 따라서 제사는 '신'과 관련된 행위였음을 알 수 있다. 여기에 사방팔방으로 퍼지는 천둥 번개야말로 신의 노하심의 현시(顯示)나 경고로 여겼음은 옛 사람들의 무지를 생각하면 충분히 납득이 갈 것이다. 따라서 중국의 선조들이 **'신, 귀신, 하느님'**을 뜻하는 글자를 만드는데 제단(示)과 번개(申)를 합친 것은 우연의 일치가 아닌 역사적 사실과 당시 사람들의 경향을 아우른 아주 이성적인 판단이었음을 알려 준다. 훗날 **이 글자(神)**에 **'하느님, 귀신'** 외에도 **'신령, 정신'** 등의 뜻도 추가되었다.

* 노아 홍수 때 그냥 주야장천 비만 내렸을까? 분명 천둥 번개도 심하게 치지 않았겠는가? 천둥 번개를 과학이 발전하지 못한 그 옛날 사람들이, 또한 비와 천둥을 처음 경험한 사람들이 자연 현상으로 여길 수는 없었을 것이다. 분명 신과 연관시켜 생각했을 것이다.

*유일신(唯一神)/귀신(鬼神)/정신(精神)/신령(神靈)/신격(神格)

두려워하는 사람들

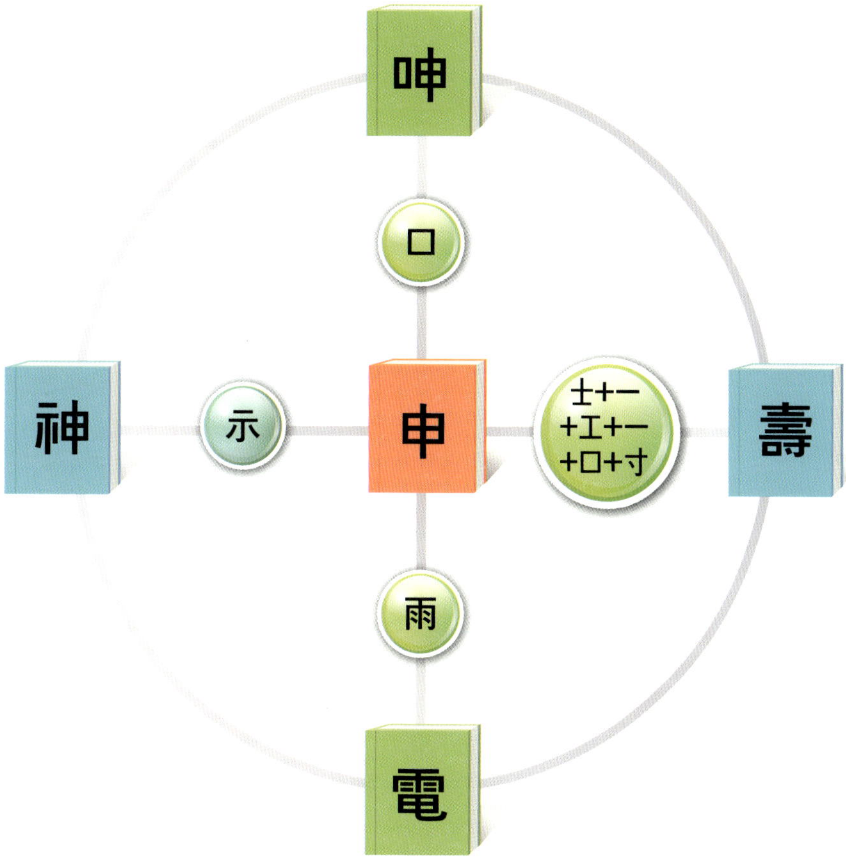

申
펼 신

읊조릴 신(呻)	+	입 구(口)
하느님 신(神)	+	보일 시(示)
번개 전(電)	+	비 우(雨)
목숨 수(壽)	+	선비 사(士) + 한 일(一) + 장인 공(工) + 한 일(一) + 입 구(口) + 마디 촌(寸)

〈해 설〉

신 申

번갯불이 사방팔방 퍼지는 모습을 본뜬 글자가 신고(申告)/내신성적(內申成績)의 거듭/펼/알릴/말할/아홉째 지지 신(申)자이며, 과학이 발전하기 이전의 사람들에게 천재지변은 신의 노하심이나 천벌 등으로 생각하였을 것이다. 따라서 번개를 본뜬 신(申)자 역시 '신, 하느님' 과 같은 영적 존재를 떠올리게 하는 글자가 되었을 것이다.

신 呻

꿈속에서 귀신에게 시달리는 사람이 거듭거듭(申) 비명 소리(口)를 내는 것 또는 천둥 번개와 같은 자연 현상 앞에서 또는 천둥 번개로 인한 홍수 등과 같은 자연 재해 앞에서 두려움에 떨고 있는 사람들의 입에서 나오는 소리를 가리켜 거듭 신(申)을 발음으로 신음(呻吟)의 읊조릴/끙끙거릴 신(呻)

* 노아 홍수가 시작되면서 천둥소리(申)에 이어 듣도 보도 못한 비가 쏟아지자 혼비백산한 사람들이 두려움에 떨며 내는 소리(口)를 본뜬 글자인지도 모른다.

전 電

비(雨)올 때 사방으로 펼쳐지는(申) 번갯불의 섬광을 모티브로 해서 만든 글자가 전기(電氣)/발전(發電)/전동차(電動車)의 번개 전(電)

* 번개 치는 장면을 본뜬 글자인 신(申)자가 '거듭, 펴다, 펼치다' 등의 뜻으로 사용되자 번개가 주로 치는 상황이 비가 올 때이므로 비 우(雨)자를 추가하여 번개의 뜻을 더 확실하게 만든 글자이기도 하다. 한자는 원래 의도했던 의미가 타 의미로 사용될 경우, 이처럼 원의미를 회복시키기 위해 다양한 시도를 했음을 볼 수 있다.

수 壽

사(士)일(一)이와 공(工)일(一)이는 구(口)촌(寸)이라고 파자(破字) 풀이할 수 있는 글자가 수명(壽命)/만수무강(萬壽無疆)의 목숨 수(壽)

* 금문을 보면 사방으로 치는 번개를 본뜬 글자인 거듭/아홉째 지지 신(申)자와 입 구(口) 그리고 마디 촌(寸)으로 이루어졌음을 볼 수 있다. 신(申)자는 귀신 신(神)에서도 알 수 있듯이 '하느님'과 연관된 글자이다. 그렇다면 입(口)과 손(寸)을 합쳐서 손(寸)이 발이 되도록 빌면서(口) 신(申)에게 목숨을 구하는 모습에서 '목숨'의 뜻을 갖게 된 글자로 보인다.

* 선비 사(士)자를 포함, 한 일(一)이나 장인 공(工)자 등은 옛 그림과는 전혀 상관없는 글자들이다. 어떻게 사(士)나 일(一)이나 공(工)으로 변모되었는지는 모르나 아무튼 원뜻과는 아무 관련이 없으므로 위의 해설을 잘 참고하기 바란다.

창세기 4장

1. 그런데 아담이 자기 아내 하와와 관계를 가져 하와가 임신하였다. 때가 되어 그 여자가 카인을 낳고 "내가 여호와의 도움으로 남자를 낳았다"고 말하였다.

2. 그 후에 그 여자가 다시 아이를 낳았으니, 카인의 동생 아벨이었다. 그런데 아벨은 양을 치는 사람이 되었으나, 카인은 땅을 경작하는 사람이 되었다.

3. 얼마의 시간이 지난 후에 카인은 땅의 열매 얼마를 여호와를 위한 제물로 가져왔다.

4. 아벨도 역시 자기 양 떼의 맏배를, 그 기름 부분을 가져왔다. 그런데 여호와께서 아벨과 그의 제물은 호의적으로 보고 계셨으나,

5. 카인과 그의 제물은 조금도 호의적으로 보지 않으셨다. 그러자 카인은 몹시 화가 나서

예도/예절 예/례(禮)

禮

보일/제단 시(示) + 풍성할 풍(豊)

예절이란 정의 내리기가 참으로 힘든 단어이다. 그러나 이 글자가 만들어진 배경을 보면 예절이란 말의 의미를 쉽게 이해할 수 있을 것이다. 직역을 하자면 제사상(示)을 풍성(豊)하게 차린 모습을 본뜬 글자가 예절(禮節)/무례(無禮)/예물(禮物)의 예도/예절 예/례(禮)자임을 알 수 있다. 아담과 하와의 장남과 차남이 하느님께 한 첫 번째 기록된 행동이 바로 예물을 가져오는 것 즉 하느님께 제사를 드리는 행위였다. 따라서 정성껏 제단에 제물을 바치는 것이 곧 신에 대해 인간이 가져야 될 마땅한 태도이자 인간된 도리였다. 여기에서 예절(禮節)의 예도/예절 예(禮)자가 탄생된 것이다. 상다리가 부러지게 차리라는 말이 아니라 창세기 4장 5절에서 카인의 제물을 하느님께서 호의적으로 받아들이지 않으신 이유는 그의 태도 때문이었을 것이다.

따라서 정성이 담긴 제물을 바치는 것, 정성스럽게 신과 조상과 부모를 섬기고 봉양하는 것이 곧 예(禮)임을 알 수 있다.

* 예절(禮節) – 예의에 관한 모든 절차나 질서.
* 예도(禮度) – 지켜야 할 예의와 법도를 아울러 이르는 말.
* 예의(禮儀) – 존경의 뜻을 표하기 위하여 예로써 나타내는 말투나 몸가짐.
* 예의범절(禮儀凡節) – 일상생활에서 갖추어야 할 모든 예의와 절차.
* 동방예의지국(東方禮儀之國) – 동쪽에 있는 예의 밝은 나라라는 뜻으로, 예전에 중국에서 우리나라를 일컫던 말.

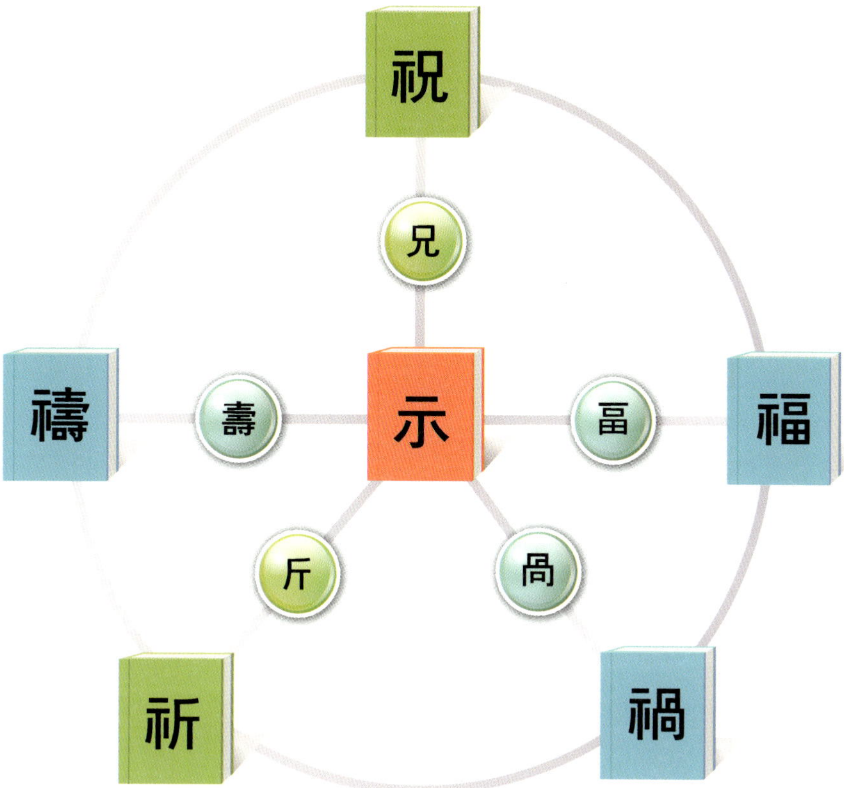

- 제사 제(祭)에 들어 있는 제단 시(示) -

示
제단 시

빌 축(祝)	+	맏 형(兄)
복 복(福)	+	가득할 복(畐)
재앙 화(禍)	+	입 비뚤 괘/성 화(咼)
빌 기(祈)	+	도끼 근(斤)
빌 도(禱)	+	목숨 수(壽)

〈해 설〉

시 示

제물이 놓여 있는 제단을 본뜬 글자가 계시(啓示)의 보일/알릴/귀신/하느님/제단 시(示)
* 제단은 신과 관련이 있으므로 '귀신, 하느님'의 뜻이 생겼으며, 신이 인간에게 제물을 받고 그 응답으로 계시를 보여 준다 하여 '보이다, 알리다' 등의 뜻도 파생된 글자가 시(示)자이다.

* 현시(顯示)/묵시(默示)/시위(示威)/표시(表示)/시범(示範)/지시(指示)/암시(暗示)

축 祝

제단(示) 앞에서 맏이인 형(兄)이 가족을 대표하여 신에게 복을 비는(兄) 모습에서 축복(祝福)/축하(祝賀)/축문(祝文)의 빌 축(祝)

* 맏 형(兄)자는 입(口)이 강조된 사람(儿)으로 신에게 비는 모습을 본뜬 글자이므로 '빌다'로 해석함.

복 福

가득할 복(畐)자는 술병에 술이 가득친 모습을 본뜬 글자이다. 따라서 풍성한 제물(畐)로 신(示)에게 비는 모습으로 해석할 수도 있고, 신(示)의 축복으로 물자가 풍성(畐)하게 되었다는 관점으로도 해석하기도 한다. 아무튼 복을 받기 위해서 정성껏 제사를 드려야 했을 것이고 그런 정성스런 간청으로 인간이 축복을 받게 된다는 개념을 내포하고 있는 글자가 바로 축복(祝福)/행복(幸福)의 복 복(福)자이다.

화 禍

복 복(福)자와는 정반대의 개념을 갖는 글자가 재앙 화(禍)자이다. 입 비뚤 괘/성 화(咼)자는 뼈다귀만 남은 모습을 본뜬 글자이다. 살점 하나 붙어 있지 않은 뼈다귀(咼), 즉 소홀하게 제사를 올리는 장면으로, 또 한편으론 신의 노여움으로 흉년이 들었거나 소출을 올리지 못하여 어렵게 된 상황(咼)으로 보여진다. 여기에서 신(示)의 계시를 어긴 사람에 대한 처벌(咼) 혹은 신을 소홀히 여긴 처벌(咼)이 곧 길흉화복(吉凶禍福)의 재앙 화(禍)

기 祈

근(斤)자는 도끼를 본뜬 글자이다. 도끼를 전쟁 무기로 본다면 빌 기(祈)자는 출정(斤)에 앞서 신(示)에게 승리 기원 제사를 올리는 모습으로 해석이 가능하며, 사냥을 하는 도구(斤)로 본다면 잡아온 사냥감이나 도끼(斤)로 잡은 제물을 제단(示) 위에 올려놓고 신(示)에게 복을 구하는 장면으로도 볼 수 있으므로 기도(祈禱)/기원(祈願)의 빌 기(祈)자가 된 것이다.

* 도끼는 전쟁 무기이므로 여기서 근(斤)자를 '출정'으로 해석함.

도 禱

신(示)에게 살려 달라고 비는 모습에서 기도(祈禱)/축도(祝禱)의 빌 도(禱)자가 만들어졌을 것이다. 신(示)에게 간청할 수 있는 것 중에 가장 큰 것이 바로 목숨(壽)을 요청하는 것이 아니겠는가? 따라서 목숨 수(壽)자와 제단 시(示)자를 합쳐서 '빌다'의 뜻을 갖는 글자를 만들어 낸 것이다.

성서에 근거한 한자들을 더 잘 이해하게 해 주는 글자들

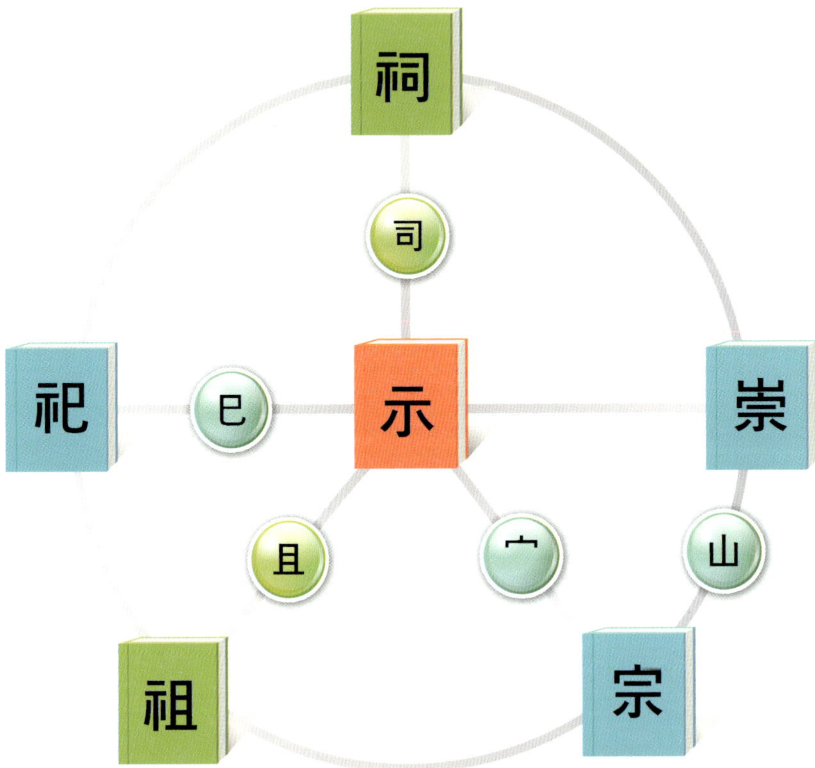

– 마루 종(宗)에 들어 있는 제단 시(示) –

示
보일시

사당 사(祠) +	맡을 사(司)
제사 사(祀) +	태아 사(巳)
조상 조(祖) +	또 차(且)
마루 종(宗) +	집 면(宀)
높을 숭(崇) +	뫼 산(山)

〈해 설〉

사 **祠**

제사(示)를 맡아(司-맡을 사) 지내거나 신주(神主)를 모셔 두는 곳을 가리켜 사당(祠堂)의 사당 사(祠)

* 사당(祠堂) - 조상의 신주(神主)를 모셔 놓은 집.
* 신주(神主) - 죽은 사람의 위패(位牌)를 이르는 말.

사 **祀**

태아(巳)를 희생 제물로 신(示)에게 바치는 모습을 본뜬 글자가 제사(祭祀)의 제사 사(祀)

*과거의 제사가 모두 태아(巳)를 바치는 것은 아니었다. 태아(巳)가 상징하는, 아주 소중한 것을 신(示)에게 바치는 행위가 제사였음을 알려 주는 글자이다.

조 **祖**

제사상(示)이나 제단에 조상들의 위패(且)를 올려놓은 모습을 본뜬 글자가 조상(祖上)/선조(先祖)의 할아버지/조상 조(祖)

종 **宗**

제단(示)을 모시거나 제사를 맡아 지내는 집(宀)을 가리켜 종가(宗家)/종교(宗敎)의 마루/으뜸 종(宗)

* 마루 - 등성이를 이루는 지붕이나 산 따위의 꼭대기를 이르는 순수 우리말.
* 종묘(宗廟) - 왕이나 제후의 위패(位牌)를 모셔 두는 사당을 말한다.
* 종가(宗家) - 족보로 보아 한 문중에서 맏이로만 이어 온 큰집.

숭 **崇**

신이나 조상에게 제사를 지내듯이 산(山)처럼 높이(宗) 떠받드는 모습에서 숭배(崇拜)/숭상(崇尙)의 높을/높일 숭(崇)

성서에 근거한 한자들을 더 잘 이해하게 해 주는 글자들

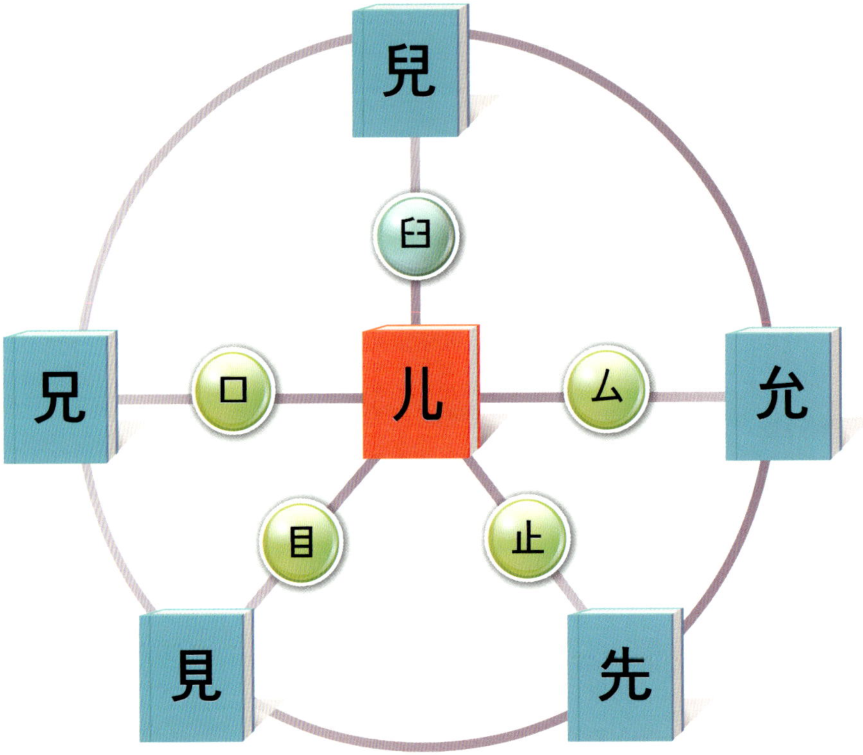

– 으뜸 원(元)에 들어 있는 사람 인(儿) –

儿
사람 인

형 형(兄)	+	입 구(口)
볼 견(見)	+	눈 목(目)
먼저 선(先)	+	발 지(止)
진실로 윤(允)	+	사사 사(厶)
아이 아(兒)	+	절구 구(臼)

〈해 설〉

인 儿

사람 인(儿)자는 사람 인(人/亻)자와 옛 글자꼴과 의미가 똑같은 글자이다. 단독 사용은 없으며 타 글자와 함께 쓰일 때 주로 글자의 아랫부분에 위치하므로 '사람 인 발'로 불리기도 한다. 명칭에 상관없이 이 글자는 모두 '사람'을 의미하는 글자임을 명심토록 하자.

형 兄

집안을 대표하여 축문을 낭독(口)하거나 신에게 간청(口)하는 사람(儿), 다시 말해 입(口)이 강조된 사람(儿)이 곧 형제(兄弟)/형수(兄嫂)의 형/맏 형(兄)

선 先

모든 동작에 앞서서 항상 발(⺧=止)이 앞으로 나가기 때문에 발(⺧=止)을 강조한 사람(儿)의 모습에서 선생(先生)/선구자(先驅者)의 먼저 선(先)

견 見

정면을 뚫어지게 바라보는(目) 사람(儿)을 강조한 글자가 견학(見學)/견문(見聞)의 볼 견(見)

* 회견(會見) – 일정한 절차를 거쳐서 서로 만나 의견이나 견해 따위를 밝힘, 또는 그런 모임.
* 식견(識見) – 학식과 견문이라는 뜻으로, 사물을 분별할 수 있는 능력을 이르는 말.

아 兒

땋은 머리(臼)를 하고 있거나 아직 정수리가 온전히 닫히지 않은 사람(儿)의 모습에서 아동(兒童)/아해(兒孩)/미아(迷兒)의 아이 아(兒)

윤 允

갓 태어난 아기(厶)를 강조한 사람(儿)의 모습이다. 이처럼 순수한 어린이와 같은 사람에게 믿음이 간다 하여 윤허(允許)의 맏/진실로/승낙할 윤(允)

성서에 근거한 한자들을 더 잘 이해하게 해 주는 글자들

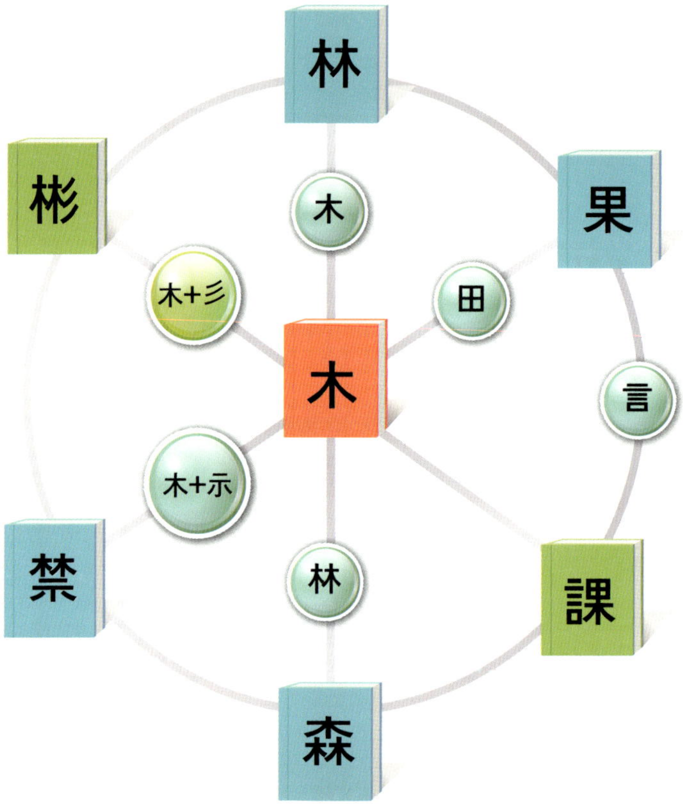

– 금할 금(禁)에 들어 있는 수풀 림(林)과 보일 시(示) –

木
나무 목

수풀 림(林)	+	나무 목(木)	금할 금(禁)	+	제단 시(示)
삼림 삼(森)	+	수풀 림(林)	열매 과(果)	+	밭 전(田)
빛날 빈(彬)	+	터럭 삼(彡)	매길 과(課)	+	말씀 언(言)

〈해 설〉

목 **木** 나무의 뿌리와 줄기와 몸통을 간결하게 정리한 글자가 초목(草木)의 나무 목(木)

림 **林** 나무 목(木)자를 두 개 합쳐서 '나무가 아주 많음'을 나타낸 글자가 임야(林野)/산림(山林)/임산물(林産物)의 수풀 림(林)

빈 **彬** 숲(林)속 나무 틈 사이로 스며들거나 비치고 있는 밝은 햇살(彡)의 모습을 본떠 만든 글자가 문질빈빈(文質彬彬)의 빛날 빈(彬)

금 **禁** 성서 창세기에 기록된 '선악과(木)와 생명나무(木)의 열매를 따먹지 말라는 신의 계시(示)'에서 만들어졌을 것으로 여겨지는 글자가 금지(禁止)/통금(通禁)의 금할 금(禁)

과 **果** 과일 나무에 달린 열매를 나무(木) 위에 '밭(田)이 달렸다'는 것으로 묘사한 글자가 과실(果實)의 실과/열매 과(果)

* 갑골문은 과일이 주렁주렁 열린 과일 나무의 모습을 하고 있다.

과 **課** 말(言)로 따는 열매(果)란, 세금을 매겨 거두는 것을 말하므로 과세(課稅)/방과(放課)의 매길/조세/시험할 과(課)

* 과세(課稅) – 세금을 매김.
* 방과(放課) – 주로 '전', '후', '시간'과 함께 쓰여 그날 하도록 정해진 학과(學科)가 끝남, 또는 학과를 끝냄.

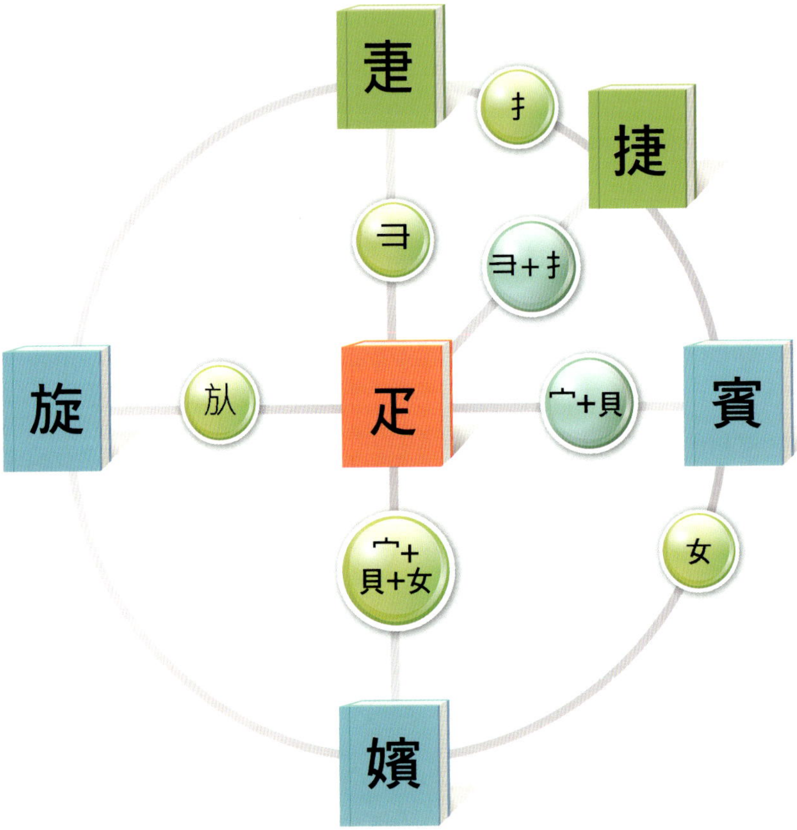

– 가시나무 초(楚)에 들어 있는 발 소(疋) –

疋
발 소

빠를 섭(疌)	+	손 계(彐)
이길 첩(捷)	+	손 수(扌)
돌 선(旋)	+	깃발 언(㫃)
손님 빈(賓)	+	집 면(宀) + 조개 패(貝)
아내 빈(嬪)	+	여자 여(女)

〈해 설〉

소 辵

발 족(足)과 거의 같은 모양을 하고 있는 글자로 발 소(疋)라고 한다. 또한 발(足) 걸음 하나 정도의 간격을 기준으로 피륙의 길이를 재는 모습에서 포필(布疋)의 필/피륙 필(疋)로도 사용된다. 이름이야 어떻든 이 글자는 '발'과 관련된 글자이므로 '발이 하는 일'과 연관지어 생각하도록 하자.

* 필 – 일정한 길이로 말아 놓은 피륙을 세는 단위.
* 피륙 – 아직 끊지 않은 베, 무명, 비단 따위의 천을 통틀어 이르는 말.

섭 疌

빠를 섭(疌)자는 달아나는(疋) 사람을 손(ヨ)으로 잡는 모습을 본뜬 글자이다. 단독 사용이 없기 때문에 항상 다른 글자와 합쳐서 사용한다.

첩 捷

달아나는 사람을 손(ヨ)으로 잡아채는 모습을 본뜬 빠를 섭(疌)자가 단독 사용을 하지 못하자, 손수(扌)자를 하나 더 추가하여 달아나는 사람(疌-빠를 섭)을 잡아챈다는 의미를 회복한 글자가 민첩(敏捷)/행주대첩(大捷)의 이길/빠를 첩(捷)

선 旋

깃발(㫃-깃발 언) 아래 뛰어다니는 발(疋)을 그려 놓은 글자이다. 전쟁에서 승리하고 돌아온 개선한 군인들의 깃발(㫃) 사이로 어린아이들이 좋아서 마구 뛰며 돌아다니는(疋) 모습을 본뜬 글자로 선회(旋回)/선율(旋律)의 돌 선(旋)

* 선풍(旋風) – 회오리바람이 같은 말이며, 어떤 일이나 현상(現象)이 돌발적로 사회에 강한 영향(影響)을 끼치는 상태를 비유적으로 이르는 말.
* 주선(周旋) – 일이 잘되도록 여러 가지 방법을 써서 변통해 주는 일을 이름.

빈 賓

집(宀)에 오는(疋) 손님을 보물(貝)처럼 귀히 여겼음을 알려 주는 글자가 귀빈(貴賓)/내빈(來賓)/영빈관(迎賓館)의 손/손님 빈(賓)

* 갑골문은 집(宀)안에 한 사람(兀)이 있는 모습의 글자와 발(疋=止)이 추가된 글자의 모습 등 여러 그림글자들이 있음을 보여 준다. 하느님이 동산에 아담을 만든 후, 훗날 아내인 이브를 만들어 반려자로 데려오신 장면을 연상케 한다. 아담에게 있어 최초의 손님은 아내인 이브가 아니었겠는가? 사실 여부를 떠나 참으로 흥미 있는 글자이다.

빈 嬪

갑골문은 남편이 아내를 두 팔로 껴안거나, 아내가 집(宀)으로 왔음(疋=止) 을 강조하기 위해 발(疋=止)이 그려진 글자 등 다양한 모습의 그림들이 있다. 집(宀)으로 온(疋=止) 귀한 손님 중에서도, 가장 귀한 손님은 역시 아내(女)라 하여 비빈(妃嬪)의 궁녀/아내 빈(嬪)

* 비빈(妃嬪) – 왕비(王妃)와 궁녀(宮女)를 이르는 말.
* 빈궁(嬪宮) – 왕세자의 아내. 왕의 후궁 가운데 지위가 가장 높은 사람. 조선 시대에, 빈(嬪)이나 세자빈이 거처하던 곳을 이르는 말.

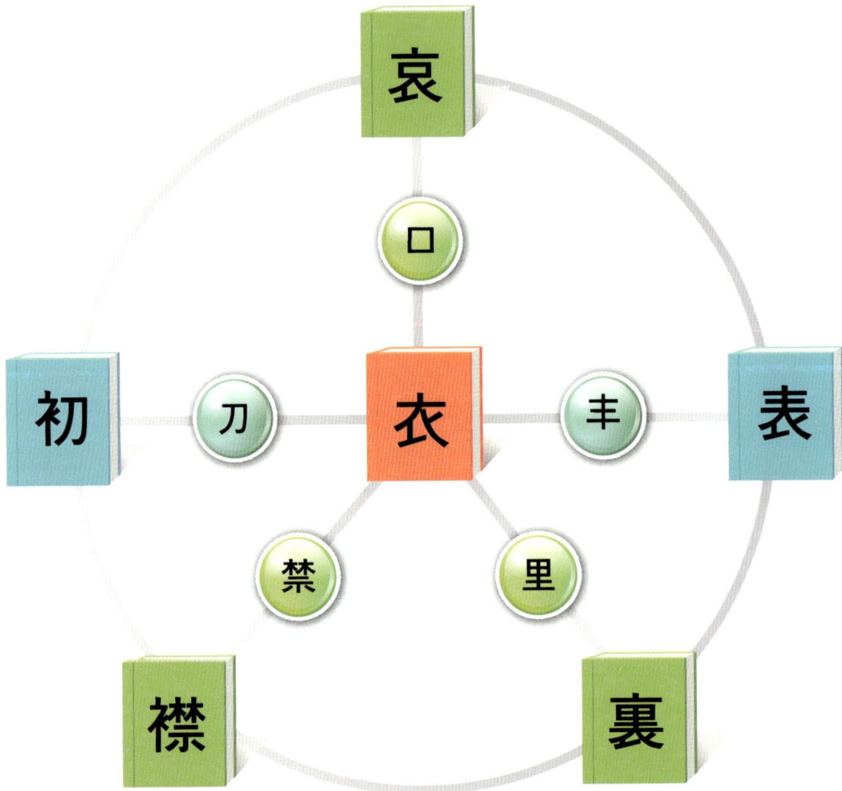

– 옷 길 원(袁)에 들어 있는 옷 의(衣) 또는 슬플 애(哀) –

衣
옷 의

슬플 애(哀)	+	입 구(口)
겉 표(表)	+	동물의 털(丰)
속 리(裏)	+	마을 리(里)
옷깃 금(襟)	+	금할 금(禁)
처음 초(初)	+	칼 도(刀)

〈 해 설 〉

의 **衣** 저고리처럼 상의를 펼쳐 놓은 모습을 본뜬 글자가 의상(衣裳)/상의(上衣)의 옷 의(衣/衤)

애 **哀** 금문과 전문은 옷(衣) 속에 입 구(口)자가 들어 있는 꼴을 하고 있어서 초상집에서 슬피 우는 사람을 본뜬 글자임을 알려 준다. 따라서 상복(衣)을 입은 여러 사람들이 곡(口)하는 모습으로 해석한 글자가 애곡(哀哭)/애가(哀歌)/애통의 슬플 애(哀)

표 **表** 가죽에 털(丰)이 그대로 남아 있는 부분을 바깥으로 하여 만든 옷(衣)의 '겉감을 강조한 글자'가 표리(表裏)/대표(代表)/발표(發表)/표시(表示)의 겉 표(表)

리 **裏** '옷(衣)의 안쪽'을 가리키기 위해 마을 리(里)를 발음으로 만든 글자가 이면(裏面)/이서(裏書)의 속 리(裏)자이다. 마을(里)은 흔히 농경지 안쪽이나 산속 혹은 숲속에 있었으므로 '안, 속'이라는 의미를 떠올리기에 적절한 조합이라 본다.

* 표리부동(表裏不同) – 겉과 속이 같지 않음이란 뜻으로, 마음이 음흉하고 불량하여 겉과 속이 다름.

금 **襟** 따먹지 말라는(禁) 신의 계시를 어기고 선악과를 따먹은 '첫 조상이 처음으로 한 행동이 옷(衤)을 만들어 하체를 가리는 일이었다. 그러자 하느님도 긴 가죽옷을 만들어 입히셨다'는 흥미 있는 성서의 기록을 떠올리게 하는 글자가 금할 금(禁)을 발음기호로 흉금(胸襟)의 옷깃/가슴/생각 금(襟)

* 흉금(胸襟) – 가슴속에 품은 생각.
* 금대(襟帶) – 깃과 띠 / 산천에 둘려 쌓인 요충지.
* 금장(襟章) – 군복이나 교복 따위의 제복의 옷깃에 붙여서 계급, 소속, 학년 따위를 표시하는 휘장.
* 옷깃 – 저고리나 두루마기의 목에 둘러대어 앞에서 여밀 수 있도록 된 부분. 위의 가장자리는 동정으로 싼다. 또한 양복 윗옷에서 목둘레에 길게 덧붙여 있는 부분을 이르는 말.

초 **初** 옷(衣)을 만들기 위해 처음에 해야 할 일이 마름질(刀)이므로 시초(始初)/태초(太初)의 처음 초(初)

* 마름질 – 옷감이나 재목 따위를 치수에 맞도록 재거나 자르는 일/ 재단.

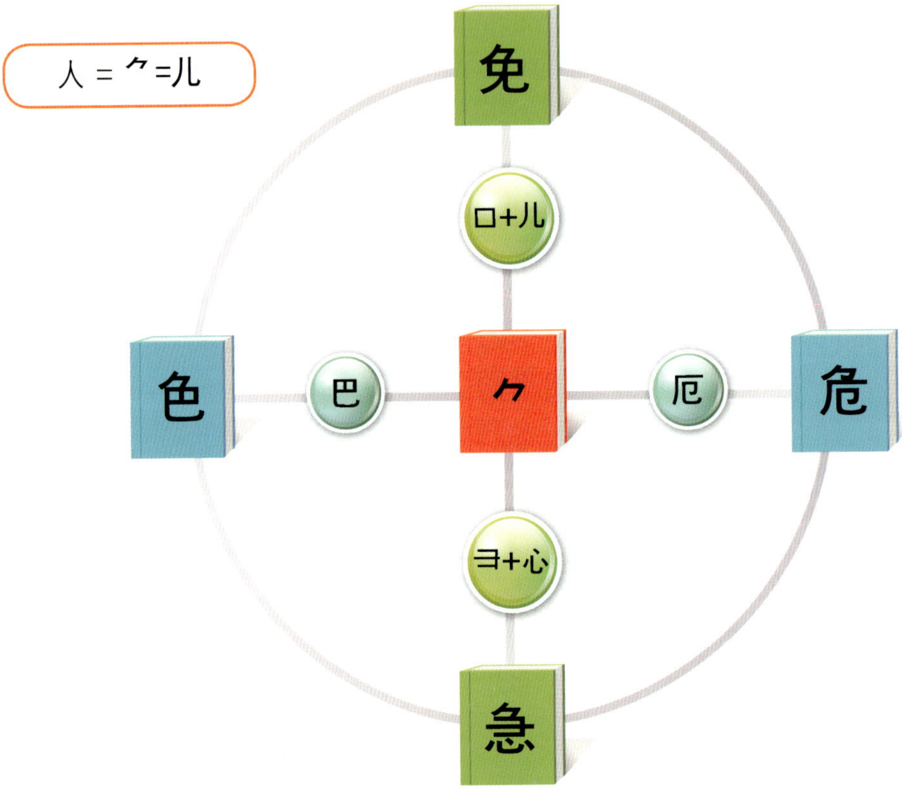

– 면할 면(免)자에 들어 있는 사람 인(⺈) –

⺈ 사람 인

면할 면(免)	+	몸통(口) + 사람 인(儿)
위태할 위(危)	+	재앙 액(厄)
급할 급(急)	+	손 계(彐) + 마음 심(心)
빛 색(色)	+	큰 뱀/사람 파(巴)

〈해　설〉

인 ⺈

이 글자(⺈)는 사람 인(人)과 똑같은 의미의 글자이다. 타 글자와 합쳐질 때 머리 쪽에 사람 인(人)이 오게 되면 대개 이런 꼴(⺈)로 변형된다. 글자의 조형미(造形美) 때문에 생겨난 현상이다. 한자에는 이렇게 글자의 균형(均衡)을 위해 꼴이 조금씩 바뀌는 경우가 있으므로 주의를 요한다. 따라서 이 글자(⺈)가 사람을 가리키는 글자이므로 '산모, 사람' 등 사람과 연관지어 해석을 하면 된다.

면 免

산모(⺈)의 자궁(口)이 벌어지면서 애(儿)를 낳는 장면이다. 산모는 아기가 태어남으로써 비로소 '출산의 고통과 사회적 책임'에서 벗어났다 하여 면책(免責)/사면(赦免)/면제(免除)/방면(放免)의 면할 면(免)

* 면허(免許) – 일반인에게는 허가되지 않는 특수한 행위를 특정한 사람에게만 허가하는 행정 처분. 특정한 일을 할 수 있는 공식적인 자격을 행정기관이 허가함. 또는 그런 일.

위 危

벼랑(厃)에 매달린 사람(㔾)을 쳐다보거나(厃) 벼랑에서 떨어진 사람의 안위를 걱정하며 벼랑이나 낭떠러지(厂) 위에서 아래를 내려다보는 사람(⺈)의 모습에서 위태(危殆)/위험(危險)의 위태할 위(危)

* 누란지위(累卵之危) – 둥글기 때문에 쌓을 수 없는 알을 쌓아 놓은 듯한 위태로움이라는 뜻으로, 매우 위태로운 형세를 이르는 말.

급 急

잡으러(及) 쫓아올 때 잡히지(及) 않으려고 달아나는 사람(⺈)의 다급한 심정(心)을 묘사한 글자가 특급(特急)/위급(危急)의 급할 급(急)

* 조급(躁急) – 참을성이 없이 매우 급(急)함.
* 미칠 급(及)자는 사람(⺈)과 손 우(又=彐)를 합친 글자로 달아나는 사람을 뒤따라가 잡아채려는 모습을 본뜬 글자이다.

색 色

두 사람(⺈=人+巴)이 부부 관계를 하면서 흥분하여 얼굴색이 붉게 변하는 모양, 또는 서로 좋아하는 두 사람(⺈=人+巴)이 마주치게 되자 얼굴빛이 붉어지는 모습에서 색정(色情)/색채(色彩)/염색(染色)의 빛/빛깔/색채 색(色)

부 록 ① 성서에 근거한 한자들을 더 잘 이해하게 해 주는 글자들

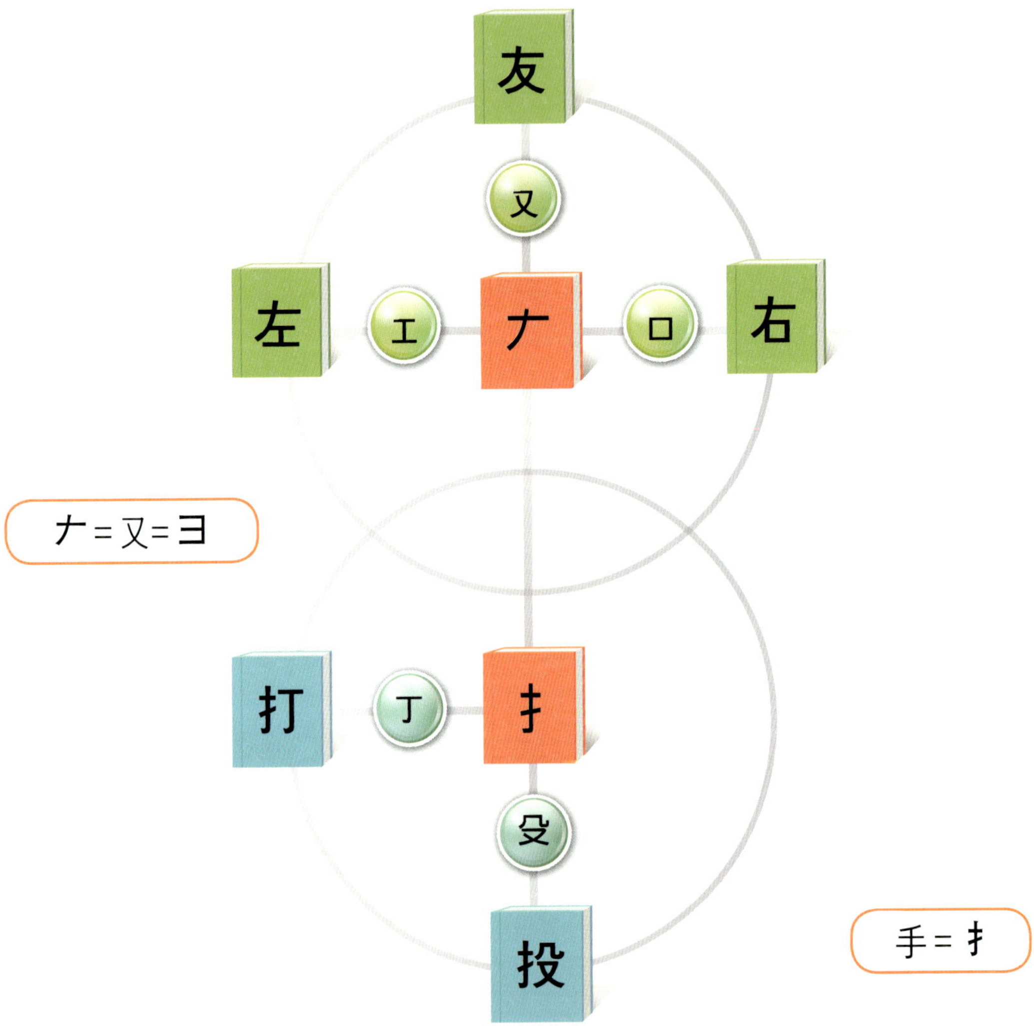

– 있을 유(有)에 들어 있는 손(ナ) / 비빌 찰(擦)에 들어 있는 손 수(扌) –

손 수(手) = 수(扌) = 우(又) = 손(ナ) = 계(ヨ)

ナ 우	우(友)	+	손 우(又)
	우(右)	+	입 구(口)
	좌(左)	+	장인 공(工)

扌 수	타(打)	+	못 정(丁)
	투(投)	+	창 수(殳)

〈해 설〉

수 扌

손 수(扌)자는 손 수(手)자와 같은 의미지만 단독 사용되지 못하고, 반드시 타 글자와 함께 쓰이며, 모양 때문에 재(才)방변이라 불리기도 한다.

우 𠂇

옛 그림들을 보면 손 우(𠂇)자는 손의 모습을 본뜬 또/손 우(又)자와 모양새가 똑같음을 알 수 있다. 단독 사용은 없지만 타 글자와 함께 사용될 경우 '손'의 의미로 사용되는 아주 쓰임새가 많은 글자이다.

* 단독 사용도 없고 단독 음가도 없는 글자지만, 편의상 '손 우'라 칭하였다.

우 友

어려울 때 손(又+𠂇)을 내밀어 주는 사람이야말로 진정한 친구라 하여 우정(友情)/학우(學友)/급우(級友)/우방(友邦)/우군(友軍)의 벗 우(友)

* 붕우유신(朋友有信) – 오륜(五倫)의 하나. 벗 사이에는 믿음이 있어야 함을 이르는 말이다.
* 갑골문은 손 두 개를 나란히 그려서 서로에게 도움의 손길을 내밀어 줌을 암시했다.

우 右

실제로 손(𠂇=又)으로 일을 거들어 주기도 하고 말(口)로도 도움을 주는, 주로 좋은 쪽으로 여겨지는 사람이 '오른쪽에 있는 사람'이라 하여 우측(右側)/우익(右翼)/우경(右傾)/좌우명(座右銘)의 오른쪽 우(右)

* 우측은 상대적으로 좌측보다 좋은 쪽, 좀 더 나은 쪽으로 쓰이는 경우가 많다.

좌 左

천제(天祭)를 올리는 임금을 보좌하기 위해 제사 도구(工)를 손(𠂇=又)에 들고 뒤에서 수발을 드는 아랫사람의 모습에서 '2인자'의 뜻이 파생되었고, 왼쪽이 오른쪽보다는 항상 부족하거나 못하다 하여 좌측(左側)/ 좌익(左翼)의 왼 좌(左)가 되었다.

* 일본학자(白川靜)는 제구(祭具)를 손(𠂇=又)에 들고 신이 계신 곳으로 찾아가는 모습으로 해석한다.

타 打

못(丁)을 망치로 두들겨(扌) 박는 모습에서 타격(打擊)/연타(連打)의 칠/두드릴 타(打)

투 投

창(殳)을 던지는(扌) 모습에서 투창(投槍)/투수(投手)/투원반(投圓盤)의 던질 투(投)

* 수(扌)자는 '손'을 뜻하는 글자이므로 '던지다, 두들겨 박다, 밀치다, 당기다'로 해석한다.

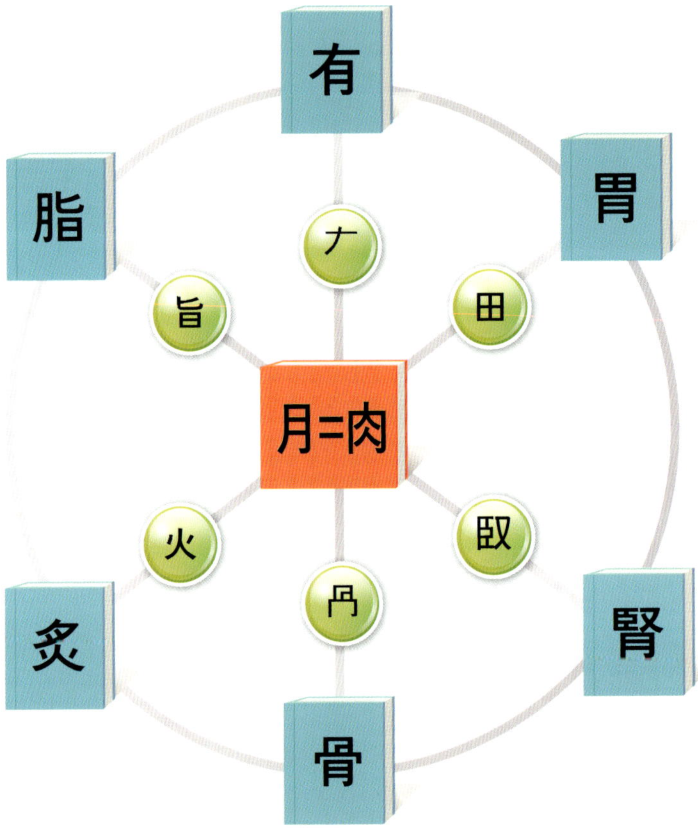

– 있을 유(有)/제사 제(祭)에 들어 있는 고기 육(肉=月) –

月=肉 月 달 월						
	있을 유(有)	+	손(𠂇)	뼈 골(骨)	+	뼈 발라낼 과(冎)
	기름 지(脂)	+	맛있을 지(旨)	콩팥 신(腎)	+	굳을 간(臤)
	구울 적(炙)	+	불 화(火)	밥통 위(胃)	+	밭 전(田)

〈해 설〉

월 **月**

달 월(月)자의 대표적 쓰임새 중 하나가 고기 육(肉)의 의미를 갖는 것인데, 이 경우 '사람과 동물의 몸이나 신체'를 상징하게 되므로 육(肉)달 월(月)이라고도 부른다.

* 달 월(月=肉)자는 크게 고기 육(肉), 달 그 자체 그리고 배 주(舟)와 같이 세 가지 뜻으로 사용된다.

유 **有**

제단에 바칠 제물인 고기(月→肉)를 손(𠂇=又)에 들고 있는 모습에서 유무(有無)/소유(所有)의 있을 유(有)

지 **脂**

고기(月→肉) 중 가장 맛있는(旨) 부위(月=肉)가 지방(脂肪)/유지(油脂)/우지(牛脂)의 기름 지(脂)

* 율법(레위기 3 : 14-17)에 따르면 희생으로 바치는 동물의 창자와 콩팥을 덮고 있는 기름 즉 지방층이나 덩어리에 있는 기름은 모두 하느님의 것이었기 때문에 먹을 수 없었다. 지금 사람들은 살찐다고 기름을 멀리하곤 하지만 옛날 사람들은 지방이 가장 맛있는 부위라고 생각했었고 아주 귀하게 여겼음을 알 수 있다.
* 수지(樹脂) - 소나무나 전나무 등에서 분비되는 점도 높은 액체(液體)인 나무진이 같은 말이며 합성, 천연수지 모두를 가리키는 말이다.

적 **炙**

장작불(火)에 고기(月)를 굽는 모습을 본뜬 글자가 산적(散炙)의 고기 구울 적(炙)/회자인구(膾炙人口)의 고기 구울 자/적(炙)

* 산적(散炙) - 쇠고기 따위를 길쭉길쭉하게 썰어 갖은 양념을 하여 대꼬챙이에 꿰어 구운 음식.
* 회자인구(膾炙人口) - 회(膾)는 날고기, 자(炙)는 구운 고기이니, 맛있는 음식처럼 시문 등이 사람들의 입에 많이 오르내리고 찬양을 받는 것.

골 **骨**

뼈(冎)에 살점이 붙어 있는 뼈다귀 모양 또는 살을 추려 내고 남은 뼈다귀만 쌓아 둔 모습을 본뜬 글자가 해골(骸骨)/언중유골(言中有骨)의 뼈 골(骨)

* 골수(骨髓) - 뼈의 내강(內腔)에 차 있는 누른빛 또는 붉은빛의 연한 조직을 가리키는 말로 마음속이나 요점 또는 골자(骨子)를 가리키기도 한다.
* 피골상접(皮骨相接) - 살가죽과 뼈가 맞붙을 정도(程度)로 몹시 마름을 뜻하며, 처지나 상황이나 건강 상태가 최악임을 나타내는 말.

위 **胃**

밥통(田)에 해당하는 신체 기관(月=肉)이 위장(胃腸)/위궤양(胃潰瘍)의 밥통 위(胃)

신 **腎**

병이 들면 점점 굳어지는(臤) 신체(月=肉) 기관을 가리켜 신하 신(臣)을 발음으로 신장(腎臟)의 콩팥 신(腎)

* 신부전(腎不全) - 콩팥 기능 부족을 이르는 말.
* 신장결석(腎臟結石) - 신장에 결석이 생기는 병을 이름.
* 굳을 간(臤)자가 몸이 오그라드는 모습을 본뜬 글자이므로 '굳어지다, 팽팽해지다' 등으로 해석한다.

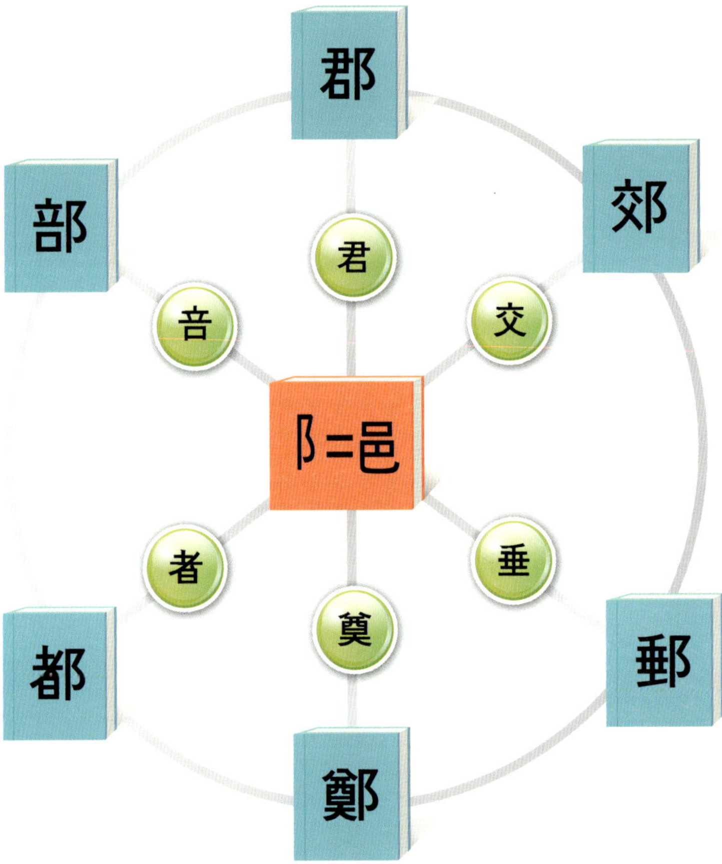

– 욱(郁)자에 들어 있는 언덕 부(阝) –

阝=邑
阝
읍

고을 군(郡)	+	임금 군(君)	나라 이름 정(鄭)	+	제사 지낼 전(奠)
나눌 부(部)	+	부풀 부(咅)	역참 우(郵)	+	드리울 수(垂)
도읍 도(都)	+	놈 자(者)	들 교(郊)	+	사귈 교(交)

〈 해 설 〉

읍 阝

사람(巴)들이 모여 있다는 영역 표시(口)를 한 글자가 읍내(邑內)의 고을 읍(邑)자이며, 언덕 부(阝)자가 글자의 오른편에 오면 사람들이 모여 사는 고을 읍(邑=阝)과 같은 의미의 글자가 된다.

군 郡

다스리는 임금(君)이 있다는 것은 그 마을이 꽤 큰 고을(邑=阝)이라는 것을 암시하는 것으로 군청(郡廳)/군수(郡守)의 고을 군(郡)

부 部

회사가 커지면 부서를 나누듯이, 마을(邑=阝)이 커지면(咅) 행정 구역을 나눠서 관리를 한다 하여 부서(部署)/경리부(經理部)/총무부(總務部)의 나눌/거느릴/마을/부서/떼 부(部)

도 都

집집마다 굴뚝에서 연기(者)가 올라가는 마을(邑=阝)의 풍경을 본뜬 글자이다. 연기(者)가 많이 올라가는 마을이라면 꽤 큰 도시를 말하므로 도읍(都邑)/도성(都城)/도시(都市)의 도읍/도시/서울 도(都)

* 놈 자(者)자가 요리하는 모습에서 따온 글자이므로 '연기'의 뜻으로 해석했다.

정 鄭

제사를 위한 술(奠)을 담당하던 마을(邑=阝)을 가리키던 글자가 나라 이름 정(鄭)

* 정(鄭)씨(氏) 성의 조상들은 아마 제사용 술을 만들던 사람들이었을 것이다.

우 郵

관(館)이 같은 말이며, 중앙과 지방 사이의 명령 전달, 관리의 사행(使行) 및 운수(運輸)를 뒷받침하기 위해 설치된 교통 · 통신 기관을 이르거나 역마(役馬)를 바꾸어 타던 곳을 이르는 말. 일설에는 역말로 전달하는 것을 치(置), 걸어서 전달하는 것을 우(郵)라 함.

* 역체(驛遞) – 역참에서 역참으로 편지 따위를 차례로 전하던 일. 역참에서 공문을 주고받던 일.

* 조선 시대, 관원이 공무로 다닐 때에 숙식을 제공하고 빈객(賓客)을 접대하기 위하여 각 주(州)와 현(縣)에 둔 객사(客舍). 조선 시대에 있던 공공의 기별, 역마, 역원 등 여행 체계를 합쳐서 이르는 말. 대개 25리마다 1참을 두고 50리마다 1원을 두었다. 역참을 설치한 목적은 명령의 전달과 공적 임무를 띤 여행자의 편의 제공에 있다.

교 郊

마을(邑=阝)에서 꽤 떨어진 곳을 가리켜 사귈 교(交)를 발음으로 교외(郊外)의 들/야외/성 밖 교(郊)

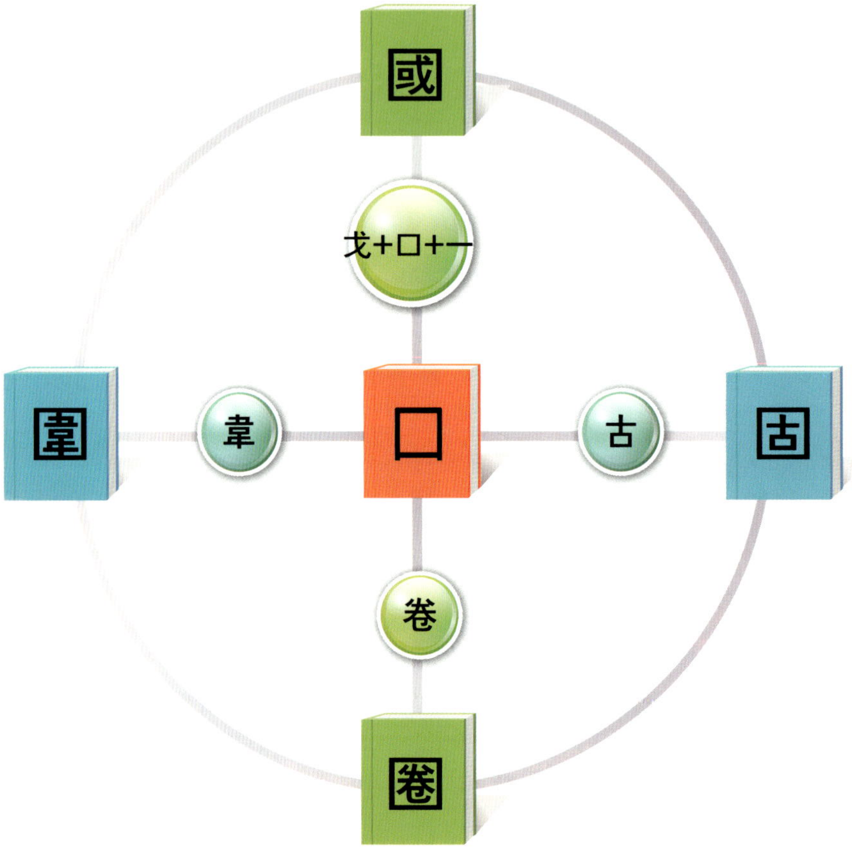

- 동산 원(園)에 들어 있는 에워쌀 위(口) -

口
에워쌀 위

나라 국(國)	+	창 과(戈) + 입 구(口) + 한 일(一)
둘레 위(圍)	+	다룸가죽 위(韋)
우리 권(圈)	+	책/말 권(卷)
굳을 고(固)	+	옛/오랠 고(古)

〈해 설〉

위/국 口

담장이나 성벽으로 일정 구역을 둘러싼 모습을 본뜨거나 연상하여 만든 글자가 에워쌀 위/나라 국(口)자이다.

국 國

나라(或)를 에워싼 경계(口)를 구체화한 글자가 국가(國家)의 나라 국(國)

* 나라를 뜻하는 혹(或)자가 '혹시'의 뜻으로 가차되자, 에워쌀 위/나라 국(口)자를 더하여 나라의 경계(口)를 강조하여 '나라'라는 원의미를 회복한 글자가 나라 국(國)자이다.

위 圍

지켜야(韋) 할 범위(口)를 정해준 것이 범위(範圍)/주위(周圍)의 에워쌀/둘레 위(圍)

* 다룸가죽 위(韋)자는 두 발을 반대 방향으로 그려 놓은 글자로 보초들이 보초 서는 장면으로 보기도 하므로 '지키다'로 해석하였다.

권 圈

두루마리(卷)를 소장해 둔 곳(口)이 수도권(首都圈)/상위권(上位圈)의 우리 권(圈)

* 대기권(大氣圈) – 지구(地球) 둘레를 싸고 있는 대기(大氣)의 층, 또는 대기의 범위. 지상 약 1,000km까지를 이르며, 온도의 분포에 따라 밑에서부터 대류권, 성층권, 중간권, 열권으로 나눈다.

고 固

무엇이든 오래(古) 가두어(口) 두면 굳어지므로 고착(固着)/완고(頑固)의 굳을 고(固)

영 囹

명령을 어긴 사람이나 죄수를 가두는(口) 곳이, 곧 영/하여금 영(令)과 나 오(吾)를 발음으로 영어(囹圄)의 옥 영/령(囹)

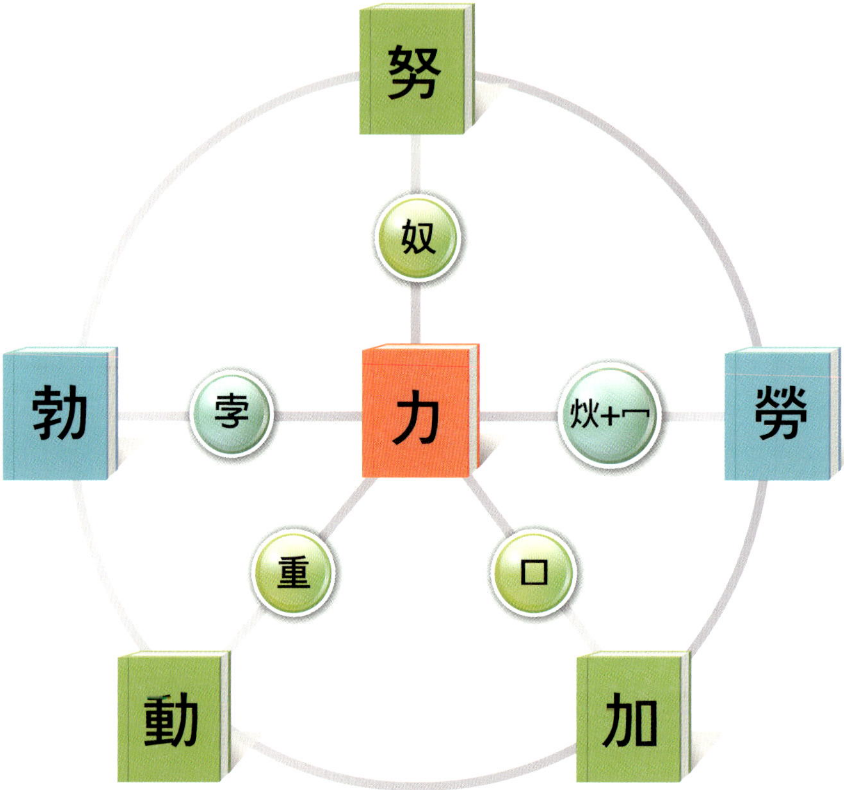

- 사내 남(男)/힘쓸 면(勉)자에 들어 있는 힘 력(力) -

力
힘 력

힘쓸 노(努)	+	종 노(奴)
일할 로(勞)	+	불꽃 개(炊) + 덮을 멱(冖)
더할 가(加)	+	입 구(口)
움직일 동(動)	+	무거울 중(重)
노할 발(勃)	+	살별 패(孛)

〈해 설〉

력 **力**

쟁기의 모습을 본뜬 글자가 노력(努力)/활력(活力)의 힘 력(力)

* 쟁기질은 대개 힘 좋은 장정들이 하는 일이었으므로 력(力)자에 '힘'의 뜻이 파생되었다. 소의 힘을 빌리기도 하지만 쟁기질이 여간 힘든 일이 아님은 해보지 않은 사람은 잘 모를 것이다.

노 **努**

노예(奴)나 종들이 농경지 등에서 쟁기질(力)하며 힘쓰는 모습에서 노력(努力)의 힘쓸 노(努)

노 **勞**

밤늦게까지 불(炏)을 밝히고 일(力)하는 노예의 모습에서 노동(勞動)/노무자(勞務者)의 일할 노/로(勞)

가 **加**

들판에서 땀을 뻘뻘 흘리며 쟁기질(力)하는 농부에게 노래(口)를 불러 준다거나 격려의 말(口)을 하여 힘을 보태 주는 모습에서 증가(增加)/부가(附加)/참가(參加)/가입(加入)의 더할/들다 가(加)

동 **動**

무거운 것(重)을 움직이려면 힘(力)이 필요하므로 동작(動作)/행동(行動)/운동(運動)의 움직일 동(動)

발 **勃**

자극(力)을 받으면 갑자기 커지는(十) 남자의 성기(子)를 나타내는 살별 패(孛)자에, 힘(力)이 가해져 순식간에 발기가 된 모습에서 발기(勃起)/발발(勃發)의 노할/발끈할 발(勃)

성서에 근거한 한자들을 더 잘 이해하게 해 주는 글자들

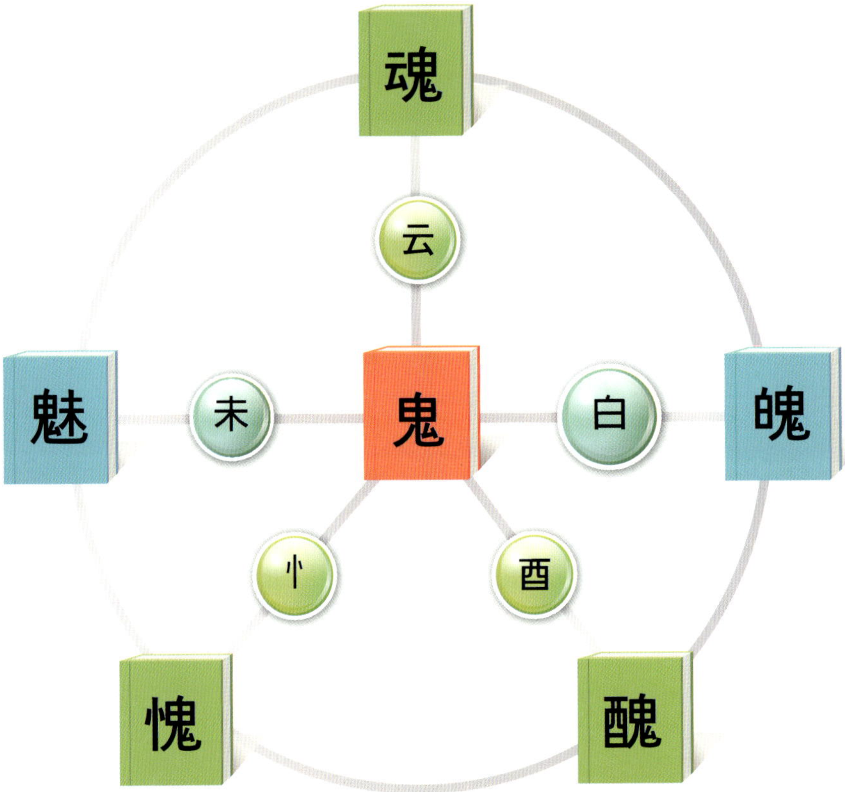

– 마귀(魔鬼) 마(魔)자에 들어 있는 귀신 귀(鬼) –

鬼
귀신 귀

넋 혼(魂)	+	이를 운(云)
넋 백(魄)	+	흰 백(白)
추할 추(醜)	+	술 유(酉)
부끄러울 괴(愧)	+	마음 심(忄)
매혹할 매(魅)	+	아닐 미(未)

〈해 설〉

귀 **鬼** 가면이나 탈(甶-귀신머리 불)을 쓴 사람(儿)의 모습을 본뜬 글자가 귀신(鬼神)/마귀(魔鬼)의 귀신 귀(鬼)

혼 **魂** 많은 사람들이 봤거나 들었다는 귀신(鬼) 소리(云)라는 것이 사실은 혼비백산(魂飛魄散)의 넋 혼(魂)

* 대체로 혼(魂)을 양(陽), 백(魄)을 음(陰)으로 보았다. 혼(魂)은 기(氣)의 신, 백(魄)은 정(精)의 신으로 보기도 하였기에 사람은 음양(陰陽)의 조화로 생겨난 것으로 보았음. 또한 백은 육체를, 혼은 정신을 의미한다.

* 넋 – 사람의 몸에 있으면서 몸을 거느리고 정신을 다스리는 비물질적인 것. 몸이 죽어도 영원히 남아 있다고 생각하는 초자연적인 것이다. 또는 정신이나 마음을 이르는 말이다.

백 **魄** 귀신(鬼)을 보고 머리가 하얘졌다(白)는 것은, 귀신에 홀렸거나 귀신에 대한 두려움 때문에 넋이 나가 멍해졌다는 것이므로 흰 백(白)을 발음으로 혼비백산(魂飛魄散)의 넋 백(魄)

* 하얘지다 – 빛깔이 눈처럼 하얗게 되다, 놀라거나 공포에 질려 핏기가 사라지다.

추 **醜** 술(酉) 취한 사람이 술주정을 하거나 추태 부리는 모습이 마치 귀신(鬼)같다 하여 추잡(醜雜)/추녀(醜女)의 추할 추(醜)

* 강제추행죄(强制醜行罪) – 폭행이나 협박을 써서 상대자에게 음란(淫)한 짓을 하는 죄.

괴 **愧** 추하기 짝이 없는 귀신(鬼)같이 행동한 것에 대해 마음(忄)에서 일어나는 감정이 자괴감(自愧感)의 부끄러울 괴(愧)

* 자괴지심(自愧之心) – 스스로 부끄럽게 여기는 마음을 가리킴.

매 **魅** 사람을 '제정신이 아니게(未) 만들거나' '정신을 차리지 못(未)하도록' 정신과 마음을 완전히 사로잡는 귀신(鬼)을 가리켜 아닐 미(未)를 발음으로 매력(魅力)/매혹(魅惑)/매료(魅了)의 매혹할/도깨비 매(魅)

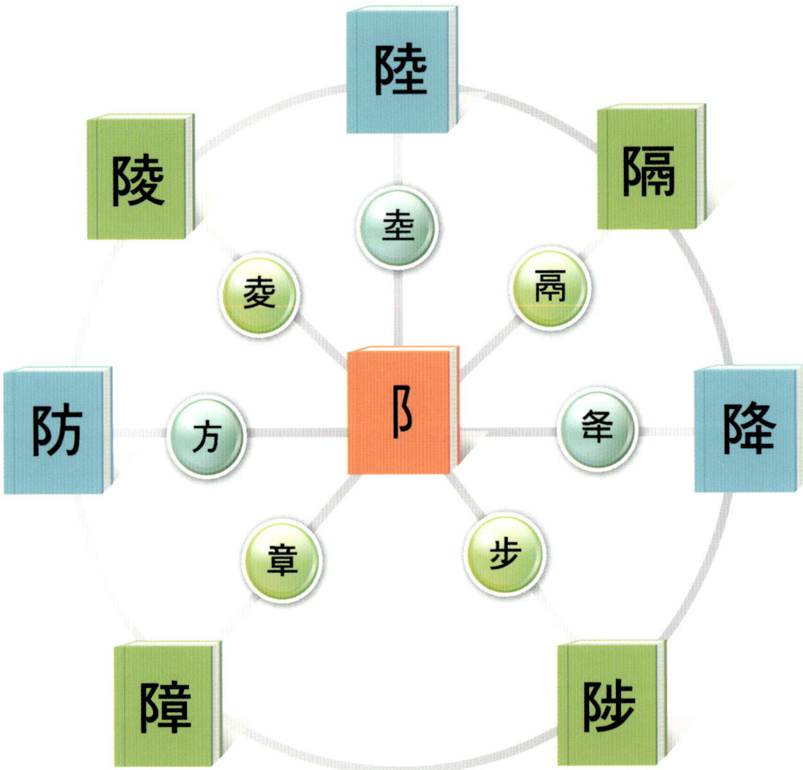

– 사이 제(際)/담 원(院)에 들어 있는 언덕 부(阝) –

阝 언덕 부

뭍 륙(陸)	+	언덕 륙(坴)	오를 척(陟)	+	걸음 보(步)
언덕 릉(陵)	+	언덕 릉(夌)	내릴 강(降)	+	내릴 강(夅)
막을 방(防)	+	모 방(方)	사이 뜰 격(隔)	+	막을 격/솥 력(鬲)
가로막을 장(障)	+	글 장(章)			

〈해 설〉

부 阝

고부(高阜)의 언덕 부(阜=阝)자는 언덕이나 토굴을 오르내리기 쉽게 파 놓은 층층 계단의 모습을 본뜬 글자이다. 따라서 '언덕'이라는 기본 뜻 외에도 '계단, 담' 등의 뜻으로도 널리 사용된다.

륙 陸

흙(土)이 차곡차곡 쌓여져 있는 모습을 본뜬 글자인 언덕 륙(坴)자가 단독 사용을 하지 못하자 언덕 부(阝)를 추가하여 원의미를 되살린 글자가 언덕 륙(坴)을 발음으로 육지(陸地)/상륙(上陸)의 뭍/육지/언덕 륙(陸)

능 陵

우뚝 솟은 둔덕(土) 위로 사람들(儿)이 올라가는(夊) 모습에서 만들어진 '둔덕 같은 묘를 뜻하는 언덕 능(夌)'자가 단독 사용을 하지 못하자 언덕 부(阝)를 추가하여 원의미를 되살린 글자가 언덕 능(夌)을 발음으로 왕릉(王陵)의 큰 언덕/능 능/릉(陵)

방 防

강물이 사방팔방(方) 넘치지 못하도록 막아 주는 언덕(阝)을 본뜬 글자가 제방(堤防)/방어(防禦)/방공호(防空壕)/방파제(防波堤)의 막을/방어할/둑 방(防)

척 陟

사람들이 걸어서(步) 언덕(阝)을 오르고 있는 모습을 본뜬 글자가 척강(陟降)/진척(進陟)의 오를 척(陟)

* 척강(陟降) - 오르락내리락함을 일컫는 말.

강 降

언덕(阝)에서 내려오는 발걸음(夅)이 강우(降雨)/강설(降雪)/하강(下降)의 내릴 강(降)자고, 같은 글자이지만 언덕(阝)에서 내려온다는(夅) 것은 결국 두 손을 들었다는 것이므로 항복(降服)/투항(投降)의 항복할 항(降)

장 障

제출된 고발장이나 탄원서(章)가 결국 높은 언덕(阝)처럼 사람의 앞길을 가로막는 장애물(阝)이 되었다 하여 글 장(章)을 발음으로 고장(故障)/장애(障碍)의 가로막을 장(障)

* 글 장(章)자를 나쁜 평가나 불리한 내용을 담고 있는 고발장이나 탄원서로 해석하였다.

격 隔

솥(鬲)은 제사와 관련이 있는 제구(祭具)였으므로 이 글자 자체가 '신'을 뜻하기도 한다. 따라서 제사를 지내는 이유가 신과 인간 사이를 가로막고 있는 담(阝)을 헐고 서로의 간격을 좁혀보자는 것이므로 솥 력/막을 격(鬲)을 발음으로 격리(隔離)/격주(隔週)/간격(間隔)/이격(離隔)의 사이 뜰/막을 격(隔)

* 신에게 제사를 지내야만 가까워질 수 있는 간극을 묘사한 글자로 '첫 조상이 하느님께 죄를 지어 멀어지게 되었다'는 성경 창세기의 기록에 흥미를 더해 주는 글자이다.
* 솥(鬲)을 구성하는 금속 부분이 담(阝)처럼 안과 밖을 격리시킨다 하여 '막다, 사이 뜨다'의 뜻이 파생되었다고도 생각한다.

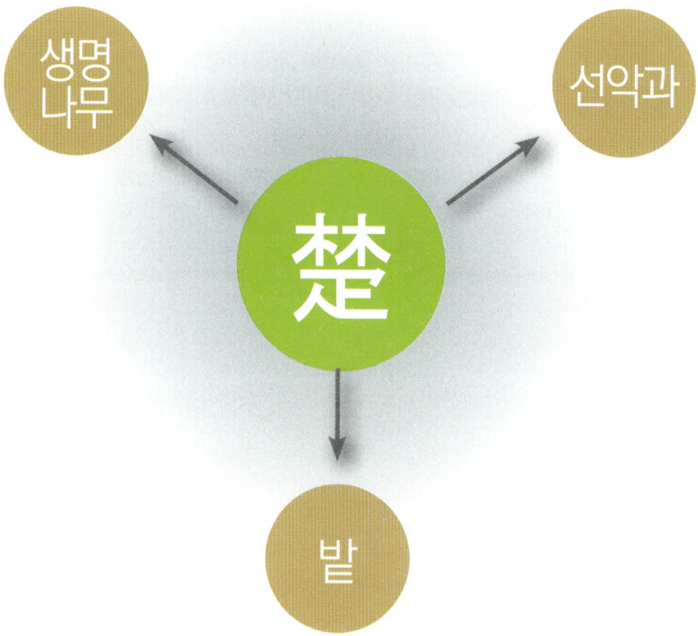
생명 나무
선악과
楚
밭

부록 ②

노아 홍수와 바벨탑에 대한 역사적 사실과
전설 및 고고학적 기록들

신화 속의 네피림?

신들과 사람 사이의 부정한 성관계 —그리고 그러한 관계를 통해 태어난 '영웅들'과 '반신반인들' — 에 대한 이야기들은 그리스, 이집트, 우가리트, 후르리 그리고 메소포타미아의 종교에서 공통적으로 나타난다. 그리스 신화에 등장하는 신들은 인간의 모습을 하고 있었으며 매우 아름다웠다. 그들은 먹고 마시고 잠을 자고 성관계를 갖고 말다툼을 벌이고 싸우고 유혹하고 성폭행을 저질렀다. 그들은 거룩하다고 여겨졌지만, 속임수를 쓰거나 범죄를 저지를 줄도 알았다. 아킬레스와 같은 영웅들은 신과 인간 모두의 후손으로 알려졌으며 초인적인 능력을 타고났지만 불멸성을 지니고 있지는 않았다. 따라서 창세기에서 네피림에 대해 알려 주는 내용은, 그러한 신화가 어떻게 생겨나게 되었는지에 대하여 실제로 가능성이 있을 뿐 아니라 매우 타당해 보이기도 하는 설명을 제시해 준다.

● 한국에도 신과 인간과의 육체적 관계를 묘사한 가사가 있다

고등학교 시절 우리 모두는 아래에 수록된 처용가를 배웠던 기억이 있을 것이다. 사람과 신과의 육체적 관계를 노래했다는 사실이 그것도 아주 먼 옛날에 중동과 정반대에 위치한 한국 땅에서 말이다. 놀랍지 않은가?

물론 이 노래가 화신한 천사들과 인간들 간의 관계를 기록한 성서의 내용을 뒷받침해주는 결정적 증거는 아니지만 적어도 그러한 기록들이 완전히 지어낸 것으로 볼 수만 없다는 사실을 반증해 주는 것만 같아 무척 흥미롭다. 중국의 선조들은 노아 홍수 이전의 전설(?) 들을 자손들에게 옛날이야기하듯 했을 것이며 또 그들의 후손들에게 전수되면서 한국에까지도 전해져 왔기에 이런 노래들이 만들어지지 않았을까?

● 처용가(處容歌)

서울 밝은 달에
밤 늦도록 놀며 지내다가
들어와 자리를 보니
가랑이가 넷이로구나
둘은 내(내 아내) 것이었지만
둘은 누구의 것인고 ?
본디 내 것이다만은(내 아내이지만)
빼앗긴 것을 어찌하겠는가.

* 처용가(處容歌)는 879년(헌강왕 5년) 처용(處容)이 지었다고 하는 무가(巫歌)의 일종으로 신라 향가(鄕歌)로 처용(處容)의 노래이다. 삼국유사(三國遺事) 2권 〈처용랑망해사(處容郎望海寺)〉에 수록되어 있으며 용의 아들인 처용이 자기 아내를 범하려는 역신(疫神)에게 이 노래를 지어 불렀더니 역신이 물러갔다는 내용을 담고 있는 가사이다. 위의 글은 현대어로 번역을 해 놓은 것이다.

● 세계적 홍수가 실제로 있었는가?

"창세기의 홍수는 현 지질 시대에 일어날 수 없을 것 같은 사건이기는커녕, 그런 시대에 매우 자연스럽게 들어맞는 일이다. · · · 사실 그 시대는 그와 같이 급격한 지각 변동이 일어날 가능성이 상당히 높은 시대였다."—「다시 살펴본 홍수」(The Flood Reconsidered).

"고고학 역시 [창세기] 홍수 이야기의 여러 변형판을 발굴하였다. 차이점보다는 유사점이 놀라울 정도로 더 많다."—「성서의 땅의 발굴」(Digging Up the Bible Lands).

"물에 의해 땅이 침수된 곧 잠긴 동안에 세계 대격변이 일어났다는 개념은 전 세계의 거의 모든 신화에서 발견[된다.] · · · 잉카 신화에서는, 최고의 신 비라코카가 홍수를 일으켰는데, 그 신은 시초의 사람들에게 불만을 품고 그들을 멸망시키기로 했다고 한다."—「펑크와 와그날스의 전승-신화-전설 표준 사전」(Funk and Wagnalls Standard Dictionary of Folklore, Mythology and Legend).

"길가메쉬라는 이름의 주인공이 등장하는 바빌로니아의 또 다른 서사시에서 창세기의 기록과 보다 많은 유사점이 나타난다. · · · 그것은 거의 틀림없이 두 번째 천년기의 초기에 존재하였을 것이다. · · · [점토판 11호]는 실질적으로 손상되지 않았으며, 따라서 설형문자 문서로서 홍수 설화의 가장 온전한 변형판이다."—「유대 백과사전」

"히브리인, 바빌로니아인, 그리스인, 고대 스칸디나비아인 및 그 밖의 구세계 민족들과 마찬가지로, 남북 아메리카의 많은 인디언 부족은 홍수에 관한 전설들을 가지고 있었다. · · · 1878년에 교직자 마이런 엘스는, '초기의 선교사들이 왔을 때' · · · , '인디언들이 홍수에 관한 전설들 그리고 한 남자와 그의 아내가 뗏목을 타고 구원되었다는 전설을 가지고 있는 것을 발견하였다'라고 보고하였다."—「북서 태평양 인디언 전설」(Indian Legends of the Pacific Northwest).

●노아는 왜 방주에서 까마귀를 내놓고 그 다음에 비둘기를 내놓았는가?

성서는 자세한 설명을 하지 않습니다. 하지만 노아가 그런 순서로 한 것이 적절했던 것 같다. 창세기 7장 6절 ~ 8장 4절을 보면 40일간 밤낮으로 땅에 엄청난 양의 비가 내렸으며, 홍수가 나서 5개월간 산봉우리들까지 다 잠겼고 그러던 중 방주가 아라라트 산에 머물렀다고 알려준다. 창세기 8장 5절과 7절을 보면 여러 달이 지나 산들의 봉우리가 보인 후, 노아가 "까마귀를 내어 놓으매 까마귀가 물이 땅에서 마르기까지 날아 왕래"하였다고 알려 준다.

까마귀를 내놓은 이유는 무엇일까? 까마귀는 날개가 튼튼한 새이며, 사체를 포함하여 갖가지 먹이를 먹고 살 수 있다고 알려져 있다. 노아는 까마귀를 내놓으면서 까마귀가 다시 돌아올 것인지 아니면 물이 줄어들어 육지가 나타남에 따라 눈에 띄는 동물의 사체를 먹으면서 방주를 떠나 지낼 것인지를 알아보려고 하였을지 모른다. 그런데 창세기를 보면 까마귀는 방주를 떠나 지내지 않았고, 까마귀가 왕래하였다고 알려 준다. 그러나 주목해 볼 만한 점은 까마귀가 노아에게 돌아왔다고 말하지는 않았다는 점이다. 아마 까마귀는 여전히 차 있는 물에 떠다니는 먹이를 찾느라고 날아다니는 사이사이에 방주에 와서 잠시 쉬었을 뿐이다.

그 후 노아는 비둘기를 내놓기로 하였고, 창세기 8장 9절에서 이러한 기록을 읽게 된다. "비둘기가 접족할 곳을 찾지 못하고 방주로 돌아와 그에게로 오는지라." 이것은 홍수로 인한 물이 줄었는지의 여부를 알아보는데 비둘기의 특성이 도움이 될 수 있었음을 시사한다. 비둘기는 사람에게 상당한 신뢰를 나타내는 새이다. 노아는 비둘기가 단지 방주에서 쉬기 위해서가 아니라 노아 자신에게 돌아올 것임을 기대할 수 있었을 것이다.

비둘기는 마른땅에만 내려앉는다고 하며, 계곡에서도 낮게 날고 채소를 먹는 것으로 알려져 있다. 「그지멕 동물 생활 백과사전」은 이렇게 지적한다. "구근류와 견과류를 먹는 모든 집비둘기와 산비둘기의 경우, 눈(혹은 물)이 하루 이상 덮여 있을 때 지면에서 먹이가 될 만한 것 대부분을 찾아 먹기가 어려운 것이 사실이다." 그러므로 비둘기는 마른땅이나 싹이 난 식물을 발견한 증거를 가지고 노아에게 돌아왔을지 모른다. 창세기 8장 8절 ~ 12절을 보면 노아가 비둘기를 처음으로 내놓았을 때, 비둘기는 방주에 있는 노아에게 그냥 돌아왔지만, 두 번째는 비둘기가 감람 잎사귀를 물고 왔다고 알려주며, 세 번째는 아주 돌아오지 않았다고 한다. 이것은 노아가 방주에서 나가도 안전할 것이라는 증거였다.

일부 사람들은 그런 세부점들을 대수롭지 않게 여길지 모르지만, 그 기록이 온전한 설명을 하려고 무리한 시도를 하지 않으면서 매우 구체적이라는 사실은 성서의 진실성을 잘 나타내 주는 것이 아니겠는가? 그것은 우리에게 그 기록이 꾸며진 것이나 조작된 것이 아니라 사실 그대로 정확한 것임을 인정할 만한 부가적 이유가 될 것이다.

● 까마귀 혹은 까치 어느 쪽?

개역한글 - 창세기 8장 -

6. 사십 일을 지나서 노아가 그 방주에 지은 창을 열고
7. 까마귀를 내어놓으매 까마귀가 물이 땅에서 마르기까지 날아 왕래하였더라.

HOLY BIBLE

6. And it came to pass at the end of forty days, that Noah opened the window of the ark which he made:
7. And he sent forth a raven, which went forth to and fro, until the waters were dried up from off the earth

New World Translation

6. So it occurred that at the end of forty days Noah proceeded to open the window of the ark that he had made.
7. After he sent out a raven, and it continued flying outdoors, going and returning, until the waters dried off the earth.

A raven is a large bird with shiny black feathers and a deep harsh call.

A raven - 까마귀, 갈까마귀 까마귀과에 포함되는 생물 – 까치, 까마귀, 어치 등등

magpie [mægpaɪ] - 까치

까치는 유럽에서는 까마귀와 함께 불길한 새로 생각하며, 특히 울음소리를 싫어했다. 그 얼룩 모양도 사악시되어서, 그리스도의 죽음을 애도할 것을 거부한 벌이라고도, '노아의 방주'에 타지 못한 인간의 허우적거리는 모습을 보고 조소한 벌이라고도 한다. 또한 오비디우스의 「변신 이야기」에 노래를 잘하는 피에리데스(Pierides)가 뮤즈와 노래시합을 하여 패해서 까치로 변신되었다고 한다. 이 새가 마녀나 악마에게 봉사한다는 속신은 각지에서 뿌리 깊은데, 스웨덴에서는 마녀가 외출할 때에 까치로 변신한다고 믿어졌다. 또한 영어명 마그피는 과거에는 maggot-pie였다. maggot는 여성명의 마가레트, pie는 얼룩이라는 의미이다. 또한 라이플 사격에서 표적의 밖에서 두 번째의 권에 명중한 탄환을 마그피라고 하는데, 이는 합도에 흑백의 깃발을 올리기 때문이다.

한편 우리나라를 비롯한 동아시아 북부에서 까치는 길조이다. 까마귀의 울음소리가 음기(陰氣)인 것에 반해서 까치의 소리는 가볍고 상쾌하다고 느꼈다. 집 옆에서 까치가 울면 누군가 좋은 손님이 찾아온다는 길보로 생각했다. 고려시대 여성의 가사 「제위보(濟危寶)」에는 "까치가 담장에서 울고, 거미가 침상 위에 실을 뽑아내고 있으므로, 과역으로 집을 비웠던 남편이 돌아온다는 알림"이라고 노래하고 있다.

종교학대사전, 1998.8.20, 한국사전연구사

● 홍수와 관련된 전설들

힌두교의 홍수 전설

“아침에 마누[인류의 조상이자 최초의 입법자]가 세숫물을 받았다.... 세수를 하고 있는데, 손에 물고기[마트시아로 화신한 비슈누]가 들어왔다.

“물고기가 그에게 말했다. ‘나를 길러주면, 당신을 구해 주겠소!’ ‘네가 무엇에서 나를 구해 주겠느냐?’ ‘홍수가 나서 이 모든 피조물을 없앨 것인데, 그 홍수에서 당신을 구해 주겠소!’ ‘너를 어떻게 길러야 하느냐?’”

물고기는 마누에게 자기를 돌보는 방법을 가르쳐 주었다. “그리고 나서 물고기가 말했다. ‘아무 해에 홍수가 있을 것이오. 그러니 당신은 나의 말(나의 충고)을 귀담아 듣고 배를 한 척 마련해야 하오. 그리고 홍수가 일어날 때 배 안으로 들어가면, 내가 홍수에서 당신을 구해 줄 것이오.’”

마누는 물고기의 지시를 따랐고, 홍수가 일어나자 물고기는 배를 끌고 “북쪽 산으로 갔다. 그리고 나서 물고기가 말하였다. ‘내가 당신을 구했소. 배를 나무에 묶어 놓으시오. 그러나 산 위에 있는 동안, 물에 떠내려가지 않도록 조심하시오. 물이 빠지면, 점점 아래로 내려갈 수 있을 것이오!’”— 「사타파타–브라마나」; 비교 창세 6 : 9 ~ 8 : 22.

수메르인의 홍수 전설

길가메시 서사시보다도 앞선 기록으로 수메르인의 신화가 있다. 그 신화는 “성서의 노아에 해당하는 인물로서, 신앙심이 깊고 신을 두려워하며 꿈이나 주문을 통해 끊임없이 신의 계시를 찾는 왕으로 묘사되는 지우수드라”에 관하여 알려 준다. (「구약 성서와 관련된 고대 근동의 원문들」[Ancient Near Eastern Texts Relating to the Old Testament]) 같은 자료에 따르면, 이 신화는 지금까지 수메르인의 문헌에서 발견된 것

중에서, 성서의 내용과 가장 비슷하고 가장 현저하게 평행을 이루는 내용을 보여 준다. 나중에 발생한 바빌로니아와 아시리아 문명은 수메르 문명의 영향을 받은 것이다.

중국의 홍수 전설

「중국—미술에 나타난 역사」(China—A History in Art) 책은 중국 고대 통치자 중에 "대홍수를 다스린 사람"인 우(禹)가 있었다고 알려 준다. "우는 강과 바다로 물길을 돌려 백성을 다시 정착시켰다"고 한다. 신화 전문가 조지프 캠벌은 중국의 "십 황제 시대"에 관해 기술하면서, 이렇게 알려 준다. "주(周)나라 시대 초기 신화에 의하면, 홍수로 막을 내린 그 중요한 시대에 열 명의 황제가 있었다고 한다. 따라서 우리가 여기서 보고 있는 것은 옛날 수메르 왕들의 명부가 지방적 특성에 맞게 변형된 것일 가능성이 있어 보인다." 그리고 나서 캠벌은 "메소포타미아에서 근원한 것이라는 주장을 강화"하는 듯한 그 밖의 사항들을 중국 전설에서 인용하였다. 그 사실은 많은 신화에 동일한 기본 근원이 있음을 알려 준다.

멕시코의 홍수 전설

아즈텍 신화

아즈텍 신화는 그 이전의 네 시대에 관해 알려 주는데, 그중 첫째 시대에는 창세기 6장 4절에 언급된 거인들인 네피림을 떠올리는 땅에 거인들이 살았다고 한다. 그 신화에는 태고의 홍수 전설이 포함되어 있는데, 그 전설에 의하면 "위의 물이 아래 물과 합쳐져서, 수평선이 없어졌고 만물이 영원하고 광대무변한 대양으로 변"했다고 한다. 비와 물을 다스리는 신은 틀랄록이었지만 그의 비는 쉽사리 얻을 수 있는 것이 아니라서, "비 내리는 모양과 비슷하게 눈물을 흘려 비가 오게 만들 만한 희생 제물의 피를 그 대가로" 바쳐야 하였다. (「신화—도해 백과 사전」[Mythology—An Illustrated Encyclopedia]) 또 다른 전설은, 물의 여신 칼키우틀리케가 넷째 시대를 다스렸으며 그의 세계는 홍수로 멸망되었다고 알려 주며, 사람들은 물고기가 되어 살아남았다고 한다.

잉카족

잉카족에게도 그들 나름의 홍수 전설이 있었는데, 영국의 저술가 해럴드 오즈번은 이렇게 기술하였다. "아마도 남아메리카 신화 가운데서 가장 널리 퍼져 있는 두드러진 내용은 홍수 이야기일 것이다. ...... 홍수 신화는 고지 민족들 사이에서나 열대 저지 부족들 사이에서나 한결같이 매우 널리 퍼져 있다. 홍수는 대개 창조 그리고 창조자 즉 신의 나타남과 연관되어 있다. ...... 홍수는 때때로 기존의 인류를 없애고 새로운 인종의 출현을 준비하는 신의 형벌로 간주된다."

마야족

멕시코와 중앙 아메리카의 마야족에게도 그들 나름의 홍수 전설이 있었는데, 그 전설은 세계적 홍수 곧 "온 땅 위의 물"을 뜻하는 하이요코카브와 관련되어 있었다. 가톨릭 주교 라스 카사스는 이렇게 기술하였다. 과테말라 인디언들은 그 홍수를 '부틱'이라고 불렀는데, 그것은 많은 물의 쏟아짐을 뜻하기도 하고 최종 심판을 뜻하기도 하는 단어다. 그래서 그들은 다시 한 번 '부틱' 즉 쏟아짐과 심판이 있을 것으로 믿는데, 이번에는 물이 아니라 불이 쏟아질 것으로 생각한다.

● 니므롯과 탑은 실제로 존재하였는가?

"학자들은 수많은 고대 왕들, 영웅들, 신들, 이를테면 아시리아(앗수르)와 바빌로니아(바벨론)의 신 므로닥(마르둑), 사냥꾼으로 유명한 바빌로니아의 영웅 길가메시, 고전 신화에 나오는 사냥꾼 오리온 중에서 니므롯과 동일한 인물을 찾으려고 시도했지만, 실질적인 성공을 거두지 못하였다"라고 「콜리어의 백과사전」은 알려 준다. 그러므로 독일의 한 참고 문헌은, 실제로 "우리는 성서 기록에서 알려 주는 것 외에 그에 관해 더 아는 것이 없다"라고 시인한다.

그럼에도 불구하고, 니므롯은 분명히 실존 인물이었다. 아랍 전설은 그를 언급한다. 근동의 여러 지명 가운데서, 님루드 혹은 님로우드라는 형태로 그의 이름이 발견된다. 수메르-아카드의 교훈시는 그의 영웅적인 행동에 대해 말한다. 그리고 유대인 역사가 요세푸스는 그의 이름을 직접 언급한다.

니므롯의 정치 제도는 인류를 다스리는 하나님의 정당한 통치권을 찬탈하기 위해 고안된 것이었기 때문에, 종교적인 성격을 띠고 있었다. 사람들은 하나님이 아니라 "[자신들의] 이름을 내"기 위해서 "대를 쌓아 대 꼭대기를 하늘에 닿게 하"기 시작하였다.—창세 11 : 4.

고고학자들은 니므롯의 바벨탑이라고 확정할 만한 고대의 유물을 찾아내지는 못하였지만, 분명히 그와 유사한 구조물을 메소포타미아에서 스물네 개 이상 발견하였다. 실제로, 그런 유형의 탑은 그곳 신전 건축술의 특징이었다. 「믿음의 길」(Paths of Faith)이라는 책은 바빌로니아의 신전이 "지구라트 즉 꼭대기에 사원이 있는 피라미드형 구조물을 중심으로 하였다"라고 알려 준다. 그 책은 이렇게 부가한다. "이집트의 피라미드에서 인도의 불사리탑이나 불교 세계의 파고다에 이르는 대규모 종교 건축물들과 마찬가지로, 지구라트는...... 아마도 뾰족탑 교회의 먼 조상이었을 것이다."

독일의 고고학자 발터 안드라에는 20세기 초에 그 지역을 광범위하게 발굴하였다. 지구라트 꼭대기의 사원은 "하늘의 하느님이 땅의 처소로 오기 위해서 지구라트의 계단을 내려올 때 통과하는 ...... 문"으로 생각된다고 안드라에는 기록하였다. 바벨의 주민들이 자기들의 도시 이름이 바브(문)와 일루(신)에서 유래한 "신의 문"을 뜻한다고 주장한 것도 이상한 일이 아니다.

그러나 니므롯과 그의 탑에 관한 성서의 기록을 의심할 필요가 없는 부가적인 이유들이 있다. 그 점을 살펴보도록 하자.

「신브리태니카 백과사전」은 이렇게 알려 준다. "인간이 가질 것으로 기대할 수 있는 유일한 언어학적 화석인, 문자 언어로 된 최초의 기록들은 약 4,000년 내지 5,000년을 넘지 못한다." 이 기간은 성서 연대가 알려 주는 바와 잘 부합된다.

북부 버마에 사는 사람들은 원래 모든 사람이 "하나의 큰 마을에 살았으며 같은 언어를 사용했다"라고 믿는다. 그러다가 사람들은 달까지 닿는 탑을 쌓기 시작하였는데, 각각 탑의 여러 층에서 따로 일을 해야 했기 때문에 결국 서로 접촉을 못하게 되었다. 사람들은 "점차 서로 다른 풍속, 관습 및 언어 형태를 습득하게 되었다." 북부 시베리아의 예니세이 오스티아크인은, 사람들이 통나무와 서까래를 타고 홍수를 살아남았다고 말한다. 그러나 강한 북풍이 사람들을 흩뜨리는 바람에, "사람들은 홍수 후에 다른 언어를 사용하게 되었고, 여러 다른 민족을 형성하게 되었다."—「모든 인종의 신화」(The Mythology of All Races).

초기 아즈텍인은 "홍수 후에 한 거인이 구름에 닿을 정도의 인공 언덕을 쌓아올렸는데, 신들이 분노하여 하늘에서 불이나 돌을 내리던졌다"라고 가르쳤다. 마야인에 따르면, 첫 인간 보탄이 하늘에 닿을 정도의 거대한 집을 짓는 것을 도왔는데, 그곳이 바로 "하느님이 모든 족속에게 각기 다른 언어를 준 장소"가 되었다고 한다. 그리고 캘리포니아(미국)의 마이두 인디언은 "장례식 도중에, [모든 사람들이] 갑자기 다른 언어를 사용하기 시작했다"라고 주장하였다.—「Der Turmbau von Babel」(바벨탑 건축).

바빌로니아 고대 도시 바빌론의 내부와 주변에서 행해진 발굴 작업으로 여러 개의 지구라트 즉 피라미드 형태의 계단식 신전탑의 유적이 드러났는데, 그중에는 바빌론 성벽 안에 있던 붕괴된 에테메난키 신전도 있다. 그런 신전들과 관련하여 발견된 기록과 비문들에는 흔히 "그 꼭대기는 하늘에 닿으리라"는 말이 있으며, 느부갓네살(네부카드네

자르) 왕이 한 말로 "짐은 에테메난키의 계단식 탑 끝을 높여 그 꼭대기를 하늘과 맞서게 하였노라"는 기록도 있다. 바빌론의 마르두크 신전 북쪽에서 발견된 한 단편에서는 그런 지구라트가 무너진 일에 대해 이런 말로 알려 주었다. "이 신전을 건축한 일로 신들이 노여워하였다. 어느 날 밤 신들은 건축된 것을 무너뜨렸다. 신들은 그들을 널리 흩어지게 했고, 그들의 언어를 생소한 것이 되게 하였다. 신들이 일의 진척을 방해하였다." (「성서와 삽」 Bible and Spade, S. L. 케이거, 1938년, 29면) 우루크(성서에 나오는 에렉)에 자리잡은 지구라트는 점토와 벽돌과 아스팔트로 세워진 것으로 밝혀졌다.—창 11 : 1 ~ 9 비교.

• 참고 문헌

갑골문자전(甲骨文字典) – 북경 공업미술출판사 – 2010년 12월

상용자해(常用字解) – 일본 평범사(平凡社) – 2003년 12월 18일 초판

한한대자전(漢韓大字典) – 대한민국 민중서림 – 2008년 1월 10일 제 2판

네이버/다음 한자 및 국어사전

chinese characters – 케임브릿지대학 출판사 – 2012년

enjoy learning chinese characters – 공앤박출판사 – 2012년

세설한자(細說漢字) – 台北聯經出版社 – 2007년

분해조립식한자 – 공앤박출판사 – 2009년

유대 고대사 (Jewish Antiquities), I, 114, 115 (iv, 2, 3).

성서해석백과사전(Encyclopedia of Biblical Interpretation), 메나헴M. 카셔, 2권, 1955년,

종교학대사전, 1998. 8. 20, 한국사전연구사

● 글자 색인

• 성구 색인

책을 내면서...

종교철학에 관심이 많던 나는 어느 날부터 한자(漢字)에 심취해 두문불출 한자를 연구하게 되었고 그러던 중 창세기와 한자의 연관성을 발견하고 흥분을 감추지 못하게 되었다.

유물(遺物) 유적(遺跡)만 막연히 고고학으로 생각하던 필자는 오히려 한자(漢字)의 원조격인 갑골문(甲骨文)이야말로 글로 기록된 더없이 훌륭한 고고학적 발견물이라는 사실을 깨닫게 되었다.

인류 최초의 기록인 성서와 오랜 기원을 가진 갑골문은 놀랍게도 서로 공통점이 있었다. 예전에도 유사한 책과 이론들이 창세기와 한자의 연관성을 밝혀주어 놀라움을 자아내게 했었지만 납득되지 않는 점도 꽤 많았었다. 따라서 흥미만 있었지 큰 감동은 없었는데 본인이 직접 갑골문(甲骨文)을 연구하면서 상호 연관성이 분명한 여러 글자들을 발견했을 때는 모골이 송연해지지 않을 수 없었다.

필자는 80년대 말 여의도 소재의 한 외국어 학원에서 일본어(日本語) 강의를 필두로 한미창투, 한화그룹 기획실, 중소기업 진흥청 등 다수의 기업체 출강 경험과 「굿모닝 일본어와 중국어」학습지를 발간 배포하면서 쉽게 한자를 배울 수 있는 방법에 지속적인 관심을 갖게 되었고, 한자(漢字)를 알면 중국어와 일본어 학습에 큰 도움이 될 뿐 아니라 한글 심화학습에도 크게 보탬이 된다는 사실도 깨닫게 되었다.

그 결과 '분해조립식 한자'라는 한자 학습 방법에 대한 특허를 득할 수 있었으며, 그것을 바탕으로 수천 명에 이르는 한자강사들을 온 · 오프라인을 통해 배출하게 되었다. 그리고 2012년에는 중국어를 배우는 외국인들이 한자를 쉽게 배울 수 있도록 「Enjoy learning chinese characters」라는 책을 영어로 출간하여 싱가폴을 필두로 영국, 미국을 비롯한 영어권에 수출하기 시작하였다.

이 책이 국내뿐만 아니라 성서 문화권에 사는 사람들도 접하게 되어 옳고 그름을 떠나 창조 기록과 인류의 반역으로 초래된 언어의 혼잡 등 성서(聖書) 창세기(創世記)서에만 기록되어 있는 내용들에 더 많은 관심을 갖게 되기를 바란다.

한편으로 과연 '신(神)은 존재하는지?' 진지한 성찰을 해 보게 되는 계기가 되었으면 한다. 나아가 성경과 한자 분야의 정통 전문가들이나 재야 고수들의 조언도 기대 해본다. 그리고 내용의 가치를 알아보고 출간을 결심해 주시고 물심양면으로 협조해 주신 전석한 원장님을 비롯 삽화가 이재영군과 편집에 수고한 김영주님에게도 지면을 빌어 감사드린다.

2014년 1월 25일

창세기의 대발견
창세기에 근거한 한자
Chinese characters based on Genesis

인 쇄 | 2014년 3월 5일
발 행 | 2014년 3월 10일

편저자 | 박 건 호
발행인 | 김 미 아

발행처 | 도서출판 한수

주 소 | 서울 성동구 행당동 286-64
전 화 | 02-2299-2387

신고번호 | 제303-2003-000031호